STEM은 초등교육이다

글로리 올제이스 지음

최창우 · 고정화 · 김상룡 옮김

KM 경문사

개정판을 펴내며...

우선 교사로서 맞이하는 스물세 번째 해를 무사히 마친 나 스스로에게 기쁘고 감사한 마음을 전한다. 나는 1990년 이스트 미시건 대학교를 수석으로 졸업하였다. 전공은 초등교육이었고 부전공은 수학과 과학이었다. 나는 직장 생활의 대부분을 미니애폴리스 시의 북동부에 위치한 필스버리 초등학교에서 교사 생활을 하며 즐겁게 보내고 있다. 지금까지 600명이 넘는 학생들과 함께 배움의 기쁨과 과학의 감동을 나누었다.

초등학생들에게 STEM 학습이 마법과도 같은 영향을 미친다는 한 가지 이유 때문에 과학, 기술, 공학 그리고 수학을 향한 관심은 언제나 나의 수업의 핵심이 되어 왔다. 학생들은 STEM 학습을 통해서 단지 과학, 기술, 공학, 수학만을 배우는 것이 아니다. 학생들은 쓰기, 읽기, 말하기, 듣기의 방식으로, 나아가 비판적 사고와 협동 활동의 방식으로 의사소통하는 법을 학습하게 된다. 이러한 분야 하나하나는 모든 STEM 체험에서 필수적이다.

규준에 근거한 간학문적 STEM 중심 수업을 실현하기 위하여 내가 고안한 방법은 놀라울 정도로 매우 간단하다.

글로리 올제이스
glory@elementarystem.com

역자 서문

지금까지 수학교과에 대한 대부분 사람들의 인식은 주로 지식과 기능의 숙달, 즉 얼마나 많은 지식을 정확하게 학습하였는지 혹은 얼마나 많은 답을 맞혔는지에 강조점을 둔다 해도 과언이 아니다. 그러나 초등학교에서조차도 수학을 지도하다 보면 학생들에게 여러 가지 난처한 질문을 받는 경우가 허다하다. 만약 이와 같은 질문들에 대해 학생들이 이해할 수 있도록 교사가 분명하게 답하지 못한다면 학습의욕은 그만큼 상실될 것이다.

이러한 문제점을 해결하기 위한 대안으로 등장한 것이 융합인재교육(STEAM)이며 그 시작은 1990년대 초로 거슬러 올라가는데, 지금까지의 세분화된 학문을 융합하여 서로 간의 경계를 무너뜨리고 융합하고자 하는 미국 과학교육의 STEM에서 출발하였다. 이러한 미국의 STEM 교육 정책의 영향으로 우리나라 교육과학기술부에서도 2011년에 초·중등교육을 위한 STEAM 교육 정책을 도입하게 되었다.

이와 관련하여 역자들이 번역한 이 책은 미국에서 최근에 출판된 《STEM is Elementary: Why Elementary Science, Technology, Engineering, and Mathematics Prepares Students to Beat the Gaps》의 2판을 번역한 것이다. 이 책의 저자인 올제이스(Oljace)는 초등교육을 전공하고 현재 미국의 초등학교에서 오랫동안 아이들을 가르치고 있다. 미국에서는 지난 2002년 부시 행정부에서 아동낙오방지법(No Child Left Behind Act)을 제정할 정도로 전국적으로 교육개혁이 이루어졌지만 주로 읽기와 수학에 초점을 두었다. 상대적으로 과학, 기술, 공학은 사회, 음악, 미술, 체육 등의 과목과 함께 기타 과목으로 분류되어 학생들의 비판적 사고, 창의성 측면에서는 다른 나라 학생들에 비해 뒤처질 뿐 아니라 이러한 교육개혁이 초등학생들의 현실과는 맞지 않다고 저자는 판단하였다. 이러한 인식하에 저자는 초등학생들의 학력 격차를 해소하는 현실적인 대안으로 초등학교에서부터 STEM 중심 교육을 실시해야 한다는 확고한 믿음으로 미국의 최근 각 규준들(CCSS, NGSS)에 근거하여 이 책을 집필하였다.

이 책에서 저자는 초등학교에서부터 STEM 교육을 실시해야 하는 이유를 두 가지로 요약하고 있다. 첫째, STEM 수업은 학생들에게 동기를 부여하고 높은 학업성취를 달성하게 한다는 것이다. 둘째, STEM 수업은 서로 다른 교육과정을 계획하고 평가해야 하는 교사의 부담을 덜어준다는 것이다.

지난 몇 년간 STEM 교육의 중요성은 대부분 고등학교 혹은 그 이상의 교육 단계에서 조명되어 온 것이 사실이다. 하지만 저자는 STEM 교육은 초등학교에서부터 시작하여야 하며 미국이 미래의 혁신을 주도하고 기술을 개발하기 위해서는 초등 STEM 교육이 필수적이라고 본다.

이 책은 전체 9장으로 구성된다. 제1장에서는 STEM이 무엇이며 왜 STEM 교육이 필요한지를 다루고 있다. 제2장에서는 왜 초등학교에서부터 STEM 교육이 필요한가에 대한 답을 제시하고 있다. 제3장에서는 STEM 교육에서 공통규준과 평가의 중요성을 다루고 있다. 제4장에서는 STEM 교육에서 간학문적 접근의 이점을, 제5장에서는 초등 STEM 수업은 어떠한 특징이 있는지를 묘사하고 있다. 제6장에서는 실제 초등 STEM 프로그램을 어떻게 계획하여야 하는가를 소개하고 있다. 제7장은 간학문적 STEM 단원의 설계를, 제8장은 교사가 간학문적 STEM 기반 수업을 설계할 때 각 단계에서 무엇을 하여야 하는가를 안내해주고 있다. 마지막 제9장에서는

STEM 교육의 이점과 함께 초등학교 수준에서 사용되는 가장 일반적인 STEM 프로그램 모델을 제시하였다.

그러므로 이 책은 초·중등학교의 교사들에게는 물론이고 교육대학교와 사범대학교의 예비교사들에게도 최근 회자되고 있는 STEAM에 대한 궁금증을 해소할 수 있는 적절한 안내서가 될 것으로 믿어 의심치 않는다.

끝으로 이 번역서는 대구교육대학교 교육대학원과 춘천교육대학교 교육대학원이 지난 15년간 실시해 온 초등수학교육 연합학술세미나의 결과물 중 하나임을 밝혀두며 이 책의 편집을 맡아서 수고해 주신 경문사 관계자 여러분에게 감사의 말씀을 전하는 바이다.

2015년 8월 역자 일동

차례

서문

STEM 학습은 성취로 이끄는 흥미를 자극한다.

글로리 올제이스, 2012

나는 남편과 1991년 미니애폴리스 시에 위치한 필스버리 수학·과학·기술 초등학교에서 3학년 학생과 4학년 학생이 함께 수업을 받는 학급을 가르치기 위해 미네소타 주로 이사했다. 나는 매우 즐거웠다. 교사들은 학생들에게 의욕을 북돋아주었고, 실제로 많은 학생들이 STEM 분야로 진출했다. 필스버리의 직원들은 지역구정부, 주정부, 연방정부의 지원하에 학생들을 미래를 이끄는 주역으로 양성하기 위해 협력했다. 하지만 경제발전과 인구증가에 따른 교육환경의 변화로 필스버리 역시 변화의 물결에 휩쓸렸다. 초등교육의 중심이 읽기 및 쓰기 교육으로 바뀌자 수학, 과학, 기술 교사들이 학교를 떠나기 시작했다. 공석을 메우러 STEM 분야의 걸출한 교사들이 학교로 왔지만 필스버리에서의 수학, 과학, 기술 교육은 끝난 것이나 마찬가지였다.

이러한 변화의 바람이 필스버리에 국한된 것은 아니었다. 세기가 바뀌면서 교육에 대한 여론도 바뀌었다. 교육 혁신에 대한 국가적 열망이 거세졌다. 많은 연구들이 미국 학생들의 학업성취도가 적절한 수준에 이르지 않았다고 지적했다. 어느 정도의 수준이 '적절한 수준'인지에 대한 충분한 합의가 없는 상태에서 이슈는 더욱 심화됐다. 2002년 부시 정부의 아동낙오방지법(No Child Left Behind Act) 제정과 함께 전국적으로 교육 개혁이 실시됐다. 교사들은 주로 읽기와 수학에 초점을 두고 구체적인 성적 목표(후에 '규준')를 설정하기 시작했다. 새로이 고안된 평가시험이 학생들의 학업성취도와 학교의 개선 여부를 판단하는 기준이 되었다. 과학, 기술, 공학은 사회, 프로젝트 학습, 음악, 미술, 체육 등과 함께 '기타' 과목으로 분류되어 초등교육에 불필요한 분야로 인식됐다. 새로운 평가시험은 읽기, 쓰기, 수학 교육에 새로운 커리큘럼을 개발하고 적용하는 것을 의미했다. 자치구에서는 의무적인 평가시험에 대비하기 위하여 이러한 커리큘럼을 빠르게 도입했다.

대통령 과학기술 자문위원회(PCAST: President's Council of Advisors on Science and Technology)는 아동낙오방지법이 학생들의 학습과 STEM 교사들의 자질에 미치는 악영향을 다음과 같이 요약했다.

> "과학과 수학을 효과적으로 가르칠 수 있는 교사가 부족하다. 과목에 대한 이해와 애정을 바탕으로 학생들에게 의욕을 북돋아 줄 교사가 부족함은 물론이다. 교사들은 흥미로운 커리큘럼을 개발하고 교사로서 전문성을 발전시키는 데 충분한 지원을 받지 못한다. 그 결과로 너무 많은 미국 학생들이 교육과정 초기부터 STEM 과목이 지루하고 어렵다고 생각하여 결국 그들 세대, 그들 국가, 나아가 그들 세계에서 맞닥뜨릴 도전들에 무방비한 상태가 되어버린다." (PCAST, 2010)

학생들에게 더욱 엄격한 학교교육을 제공하려는 개혁 의도는 나쁘지 않았다. 다만 개혁의 시행 과정에서 교육학자가 교각살우의 우를 범한 것이다. 학생들을 읽기와 수학에 매진하게 하기 위하여 '기타' 과목으로 분류된 교육을 거세한 것은 결코 용납할 수 없는 행위였다. 몇몇 연구들은 미국 학생들이 비판적 사고, 사회화, 창의성 측면에서 다른 나라 학생들에 비해 뒤처진다는 결과를 제시했다. 게다가 미국 학생들은 과학과 수학에서는 평균 이하 수준이고 읽기에서는 평균을 살짝 웃도는 수준에 불과하다는 사실은 그다지 놀라운 일이 아니다

(OECD, 2012). “STEM 교육에 대한 필요성이 제기되는 이 시점에 STEM 관련 단체와 프로그램은 감축되거나 혹은 없어지고 있다.”(PCAST, 2010) 미국 정부는 미국 사회 내에 존재하는 학력격차 및 기회격차를 해소하는 현실적인 해법으로 초등수준의 STEM 교육의 유용성을 인식해야 한다.

지금까지 나는 과학과 수학에 대한 애정을 밑거름 삼아 STEM 중심 교육을 위한 STEM 교육안을 개발하고 개선했다. 내가 고안한 STEM 교육안은 교육 규준에 부합하고, 학생들을 고무하며, 나아가 학생들에게 미래 인재로서 자질을 기를 수 있도록 한다. 학생들에게 STEM 교육안을 통한 STEM 교육은 엄격하지만 흥미로운 학습이 될 것이다. 교사들에게 STEM 교육안을 통한 STEM 교육은 한결 쉬운 교수법이 될 것이다. STEM 교육안은 공통핵심학습규준(CCSS: Common Core State Standards), 차세대과학규준(NGSS: Next Generation Science Standards) 및 각 주의 교육 규준에 근거한다. 공통의 교육 규준의 확립은 교육학계의 큰 성과다. 공통핵심학습규준과 차세대과학규준은 전국 교육학자들의 노고의 소산으로 지역에 관계없이 모든 학생들에게 일정 수준의 학업성취도를 보장한다. 공통핵심학습규준과 차세대과학규준은 잘 기술되어 있고, 따르기 쉬우며, 발달단계에 적절하다. 내가 고안한 STEM 교육안 역시 교육 규준에서부터 시작한다. 모든 수업은 이론적인 학습과 실생활의 문제가 연관되어야 한다. STEM 교육의 간학문적 구조 때문에 교사들은 매일 각 교과목을 따로 계획하고 준비해야 하는 수고를 덜 수 있다. 여러 교과목을 매일 다루면서도 각 교과목에 균등한 시간을 할애할 수 있게 되는 것이다. 간학문적 STEM 교육은 학생들은 물론 교사들도 고무시킨다.

제1장

왜 STEM 교육인가?

> 미국의 미래는 오늘날의 학생들에게 과학, 기술, 공학, 수학(STEM)을 가르치는 우리의 능력에 달려 있다.
>
> 대통령 과학기술 자문위원회(PCAST), 2010

이미 수많은 약어가 사용되고 있는 교육 분야에서 최근 각광을 받고 있는 새로운 약어는 과학(Science), 기술(Technology), 공학(Engineering), 수학(Mathematics)의 머리글자를 딴 'STEM'이라는 단어다. 비록 여기저기서 STEM이란 단어가 등장하긴 하지만 이를 제대로 이해하기란 쉽지 않다. STEM이라는 용어는 2001년 라말리가 처음 사용했다. 라말리는 당시 국립과학재단(NSF: National Science Foundation) 교육인적자원국 국장이었다. 라말리는 동료들과 함께 과학, 수학, 공학, 기술 교육을 강화하기 위한 커리큘럼을 개발하는 중이었다. 라말리의 연구나 논고는 SMET이라는 약어로 칭해졌는데, SMET의 발음이 마음에 들지 않는다며 STEM이라는 용어를 대안으로 제시했다. 과학과 수학이 기술과 공학의 양끝을 고정하는 일종의 지지대 역할을 한다고 생각했는데 STEM이라는 용어는 그 자체로 학문 간 관계도 잘 표현하고 있었다. 라말리의 의견에 따라 STEM이 채택됐고 STEM이라는 용어가 공식적으로 사용되기 시작했다(Christenson, 2011).

그 후로 STEM 분야는 계속 성장하였다. 물론 STEM 교육의 계획, 시행, 평가는 여전히 어려운 문제다. 교육학자가 사용하는 STEM 교육에 대한 일반적인 정의는 다음과 같다.

> "STEM 교육은 학문적인 개념과 실생활의 문제를 연결하는 간학문적 학습방법으로 이를 통하여 학생들은 과학, 기술, 공학, 수

> 학을 실생활에 적용하며 STEM 분야에 대한 이해도를 높이고 궁극적으로 새로운 경제 환경에서 통용되는 경쟁력을 갖추게 된다." (Tsupros, Kohler, and J. Hallinen, 2009)

STEM 교육의 진정한 의미에 대하여 사람들이 혼란을 느끼는 것은 당연하다. STEM 교육은 기본적으로 학생들로 하여금 과학, 기술, 공학, 수학에 흥미를 느끼게 하여 21세기에 걸맞은 경쟁력을 기르게 하는 간학문적 학습방법이다.

여러 가지 이유로 과학은 STEM 교육의 근간이 된다. 가장 큰 이유는 일단 학생들이 과학에 매력을 느끼기 때문이다. 과학은 학생들의 타고난 호기심을 자극하며 학습에 필요한 구조와 관련성을 제공한다. 양질의 과학 교육은 수학, 쓰기, 읽기, 말하기, 듣기, 비판적 사고, 협동 작업, 공동체 형성 등에 대한 학생들의 이해를 연결하고 강화한다. 이는 특히 소수의 학생들에게 중요하다(NSF, 2013). 바이엘(Bayer) 기업이 15년에 걸쳐 실시한 여론조사에 따르면 "과학에 대한 이해는 나이를 불문하고 과학 영역에 종사하는지와 상관없이 모든 미국인에게 중요하다."(Bayer, 2012) 이는 강력하고 흥미로운 진술이다. 과학은 다양한 과목을 학습하는 기초가 되는 발판이다. 또 프로젝트 기반, 학생 중심 학습 환경을 조성하며 학생들에게 동기를 부여한다.

변화무쌍한 세계 경제에서 학생들이 성공하기 위해서는 기술의 효과적인 사용이 중요하다. 기술은 지식의 효율적인 전달에 유용할 뿐만 아니라 교사들의 업무도 용이하게 한다. 이때 기술이란 전자기기나 디지털 소스에 한정된 것이 아니다. 사실 기술이란 용어의 실질적인 사용은 50년 전에서야 비로소 시작됐다(Satell, 2013). 정확히는 과업 수행이나 문제 해결에 도움을 주는 도구 사용을 기술이라 한다. 이러한 측면에서 기술은 인간의 필요와 욕구를 충족하기 위해 자연의 법칙을 수정하는 과정이다.

공학은 아마 STEM 분야에서 가장 낯선 영역일 것이다. 현실세계에서 과학과 공학은 명확하게 구분되지 않는다. 간단하게 말하자면 과학은 주변세계의 질문에 대한 해답을 제공하는 반면에 공학은 주변세계를 인간의 필요와 욕구에 맞게 변형한다. 하지만 공학은 문제를 해결하는 과정에서 기술을 사용하고 과학과 수학의 개념을 적용한다. 이 때문에 과학과 공학은 복잡하게 얽혀 있다. 교실에서 공학은 학생들이 개인 또는 집단으로 여러 가지 상황을 해결하려 할 때 등장한다. 예를 들어 고등학생의 경우에는 에너지 절약형 주택을 설계하고 건설할 때일 것이고, 초등학생의 경우에는 동물인형을 위한 집의 모형을 설계하고 직접 만들 때일 것이다. 과제가 무엇이든 간에 성공적인 STEM 프로그램은 학생들로 하여금 과학, 수학, 기술을 응용하여 실용적인 해결책을 만들도록 한다. 이것이 바로 공학이다.

수학은 STEM 분야에서 가장 널리 알려진 영역이다. 수학은 어느 정도 단계적인 학습이 필요하기 때문에 STEM 교육에 전적으로 통합될 수 없는 유일한 교과목이다. 대부분의 사람들이 이에 동의한다. 예를 들어 초등학생의 경우 추상적인 상황에서 숫자 '5'를 사용하기 전에 우선 숫자 '5'를 알아보고 숫자 '5'의 의미가 무엇인지 이해하고 있어야 한다. 비슷하게 중학생의 경우 복잡한 대수방정식을 풀기 전에 유리수에 대한 깊은 이해가 선행돼야 한다. 하지만 학생들이 STEM 교육을 이수하는 도중에 수학이 별도로 다뤄지는 시기가 있다고 해서 수학이 간학문적 성격을 띠지 않는 것은 아니다. STEM 교육을 받는 학생들은 유연하고 비판적인 사고의 소유자로 수학적 이해를 바탕으로 현실세계의 문제를 해결한다. 그들은 수학자이다.

그렇다면 간학문적 STEM 교육이 미국에서 왜 필요한가? 가장 주요한 이유는 STEM 교육이 미국 경제에 긍정적인 영향을 미칠 수 있기 때문이다. 미국 고용시장에서 STEM 분야 종사자가 차지하는 비중은 매우 작지만 빠르게 늘어나는 추세다. 노동통계국의 자료에 따르면 1993년과 2007년 사이 STEM 분야는 급격하게 성장하였다. 또한 노동통계국은 2014년까지 STEM 분야의 채용 규모가 증가할 것이라고 전망했다(Solis & Hall, 2011). "2010년에는 STEM 분야 종사자가 760만 명이었는데 이는 전체 노동인구의 18분의 1에 해당하는 수치다."(Landgon, McKittrick, Beede, Khan & Doms, 2011) 미 상무부 경제통계청 역시 STEM 분야 직업이 STEM 분야 외 직업보다 세 배나 빠르게 늘어나고 있다고 보고했다. 경제통계청은 2008년과 2018년 사이에 STEM 분야 외 직업은 9.8% 증가할 것인 반면 STEM 분야 직업은 17.0% 증가할 것이라고 추정했다.

평균 소득 이상이 보장되는 분야는 흔히 인력에 대한 수요가 높다. 2005년 STEM 분야 종사자의 평균 소득은 미국 평균 소득에 비해 26%나 더 높았다(Fudge, 2013). 2011년 5월 노동통계국 보고서는 STEM 분야 직업이 고수입이라고 명시한다. 또 2009년 5월 기준으로 STEM 분야 외 직업의 평균 보수가 43,460달러이고 STEM 분야 직업의 평균 보수가 77,880달러라고 제시한다(Cover, Jones & Watson, 2011). 이 밖에도 STEM 분야 종사자는 평균적으로 STEM 분야 외 종사자에 비해 낮은 실업률에 직면한다. STEM 분야 외 종사자의 실업률이 2007년 4.8%에서 2010년 10%로 상승했을 때 STEM 분야 종사자의 실업률은 같은 기간 1.8%에서 5.3%로 소폭 상승했을 뿐이다(Landgon, McKittrick, Beede, Khan & Doms, 2011). 게다가 미 하원의원 퍼지에 의하면 STEM 분야의 채용 규모는 STEM 분야 내 실업자 수의 두 배에 달한다고 한다.

이는 현재 STEM 분야 졸업자와 종사자에게는 희소식이지만 향후 노동인구에게는 그렇지 않다. 미국은 심각한 문제 상황에 처해 있다. STEM 분야의 인력 수요를 충족하지 못하는 것이다. 미국은 학생들을 STEM 분야의 인재로 양성하기 위해 준비시키고 고무시키는 부문에서 다른 나라에 비해 현저히 뒤떨어지기 때문에 STEM 분야의 인재들을 위한 요구를 충족시킬 수 없다(PCAST, 2010). STEM 분야에서의 학위 수여는 지난 5년간 약간 증가했으나 그 중 학사 학위 비율은 15.6%에 불과하다. 이는 중국의 STEM 분야에서의 학위 수여 중 학사 학위 비율인 46.7%와 비교된다(NSB, 2010). 이보다 더 심각한 문제는 미국 학생들의 STEM 과목에 대한 흥미 상실이다. 전체 고등학생의 28% 정도가 신입생 때 STEM 과목에 흥미를 보인다. 이를 환산하면 매년 10만 명의 학생이다. 이중 57% 이상이 졸업 전에 STEM 과목에 대한 흥미를 잃는다. 많은 연구가 미국 학생들이 STEM 분야에 대한 준비 혹은 흥미가 부족하다고 지적한다.

대통령 과학기술 자문위원회 보고서에 따르면 미국의 STEM 교육에는 학업과 흥미에 대한 격차 외에도 광범위한 기회 격차가 존재한다. 이러한 격차 때문에

> "아프리카계 미국인, 히스패닉, 북아메리카 원주민, 그리고 여성이 많은 STEM 분야에서 거의 드러나지 않고 있다. 이는 고수입, 고성장 직종에서 그들의 경제 참여를 제한한다." (PCAST, 2010)

국립과학재단은 최근 '과학 및 공학 분야에서의 여성, 소수자, 장애인: 2013'이라는 통계 분석을 발표했다. 이에 의하면 과학 및 공학 분야 종사자는 대부분 백인 남성으로 미국의 전체 노동인구를 대표하지 못하고 있다. 사실 과학 및 공학 분야에서 여성과 소수자의 참여율은 매우 낮다. 전체 과학 및 공학 분야 종사자 대비 과학 및 공학 분야 내 소수자 여성 종사자의 비율은 10 : 1로 나타난다(NSF, 2013). 이와 같은 STEM 분야 내 여성 인력 부족 문제는 2012년 여

성정책연구소(IWPR) 보고서에서도 지적된 바 있다. 이에 의하면 1997년과 2007년 사이 여성의 STEM 분야 내 준학위 혹은 자격증 수여는 6.3% 감소했다.

STEM 분야 종사자는 고소득에 따른 높은 구매력으로 경제 성장의 원동력이 되고 나아가 혁신과 기업가 정신의 원천이 된다. 하지만 정보기술혁신재단(ITIF)의 연구에 따르면 미국은 지난 10년 동안 혁신 분야 경쟁 우위가 하락하고 있다. 2011년 7월 정보기술혁신재단의 '대서양의 1세기 II(Atlantic Century II)' 보고서는 선진 40개국 가운데 미국의 혁신 분야 경쟁 우위를 6위로 평가했다(Atkinson & Andes, 2011). 2010년 1월 밀켄연구소 역시 110개국 가운데 미국의 혁신 분야 경쟁 우위가 8위라고 발표했다(DeVol & Wong, 2010). 이와 별개로 정보기술혁신재단은 각국의 혁신 능력 변화율에도 주목했다. 미국은 40개국 가운데 40위로 최하위를 차지했다.

> "(미국) STEM 산업에 공급되는 인력은 (미국) STEM 산업이 수요하는 인력에 비해 턱없이 부족하다. 이는 혁신과 경쟁을 주도하고 나아가 세계 경제에서 우위를 점하고자 하는 국가의 능력을 위협한다." (Schiavelli, 2011)

경제협력개발기구(OECD: Organization for Economic Cooperation and Development)에 따르면 미국과 다른 나라 간 학업성취도 격차 또한 계속해서 벌어지고 있다. OECD는 경제 발전과 세계 무역의 촉진을 위해 설립되어 65개국의 참여로 구성되는 국제기구로, 선진국을 대상으로 매 3년마다 읽기, 과학, 수학 평가를 실시하고 있다. 국제학업성취도평가(PISA)라고 불리는 이 시험은 15세 학생들의 읽기, 과학, 수학 능력을 평가하는 국제적인 기준이다. 2006년과 2009년 시험에서 미국은 선진 30개국 가운데 수학 능력 25위,

과학 능력 24위를 기록했다(OECD, 2007). 2009년 OECD는 평가 항목에 '읽기'를 추가했다. 미국은 아동낙오방지법의 일환으로 학생들의 읽기 능력을 제고하기 위해 수백만 달러를 투자했다. 이 과정에서 타 교과목의 가치가 훼손되는 희생도 감수했다. 그럼에도 불구하고 미국은 여전히 다른 나라보다 읽기 능력이 뛰어나지 못했다. 선진 40개국 가운데 읽기 능력 21위를 차지하긴 하였으나 이는 세계 평균보다 고작 7점 높을 뿐이다. 전혀 기뻐할 일이 아닌 것이다.

평가 결과는 미국 여학생에 대한 문제점도 함께 제시했다. 각국의 15세 학생들의 대표 표본에서 미국을 제외한 다른 모든 나라의 경우 일반적으로 남학생의 과학 능력보다 여학생의 과학 능력이 우수했다. 왜 이런 현상이 발생했는가? 국제학업성취도평가 감독관 슐라이허는 그 이유를 각국의 수학 및 과학 학습에 대한 인센티브의 차이로 설명한다. 미국 남학생은 "과학이 자신의 삶에 영향을 미친다고 생각"한다. 여기에서 고정관념이 발생한다. 슐라이허는 4세 정도의 아동기에 직업에 대한 성 역할이 형성된다고 언급했다(Fairfield and McLean, 2012). 전문가들은 이러한 성 영향이 미국, 영국, 캐나다에서는 강한 반면 러시아, 아시아 및 중동 국가에서는 비교적 약하다고 분석한다. 요르단의 경우 지금까지 치른 국제학업성취도평가 과학 시험에서 여학생의 성적이 남학생의 성적보다 항상 8% 이상 높았다. 과학기술인력위원회(CPST)에 따르면 2000년 미국 전체 유급노동자의 절반가량이 여성이었지만 미국 STEM 분야 유급노동자 중 여성이 차지하는 비율은 고작 4분의 1에 불과했다(Pantic, 2007). 이와 같은 사실은 미국 여성에 대한 STEM 교육의 필요성과 직업에 성 역할이 존재한다는 편견의 극복을 과제로 제시한다.

많은 기관의 연구들이 모든 교육 단계에서 STEM 교육의 필요성을 뒷받침하고 있다. 미래 인재로 성장할 학생들의 흥미를 사로잡기 위해서는 바로 지금부터 유의미한 STEM 교육을 실시해야 한다.

2010년 9월 대통령 과학기술 자문위원회 보고서의 결론은 다음과 같다.

> "STEM에 유능한 시민, STEM에 숙달된 인력, 미래 STEM 전문가를 양성하기 위해서 미국은 상호보완적인 두 가지 목표에 초점을 맞추어야 한다. 우선 STEM 분야에서 거의 드러나지 않는 여성과 소수자를 포함한 모든 학생들을 STEM 과목에 능숙하게 만들어야 한다. 또한 모든 학생들에게 STEM 학습을 향한 열의를 북돋고 그 과정에서 많은 학생들이 STEM 분야로 진출할 수 있도록 동기를 부여해야 한다." (PCAST, 2010)

다음 도표는 국제학업성취도평가의 수학, 과학, 읽기 시험에서 미국 순위를 다른 나라와 비교하여 나타낸 것이다. 미국을 기준으로 순위가 높은 국가와 낮은 국가를 살펴보면 분명 놀라운 점을 발견할 수 있을 것이다.

PISA Scores

Mathematics		Science		Reading	
Finland	548	Korea	552	Shanghai-China	556
Korea	547	Finland	548	Korea	539
Netherlands	531	Canada	527	Finland	536
Switzerland	530	New Zealand	522	Hong Kong-China	549
Canada	527	Netherlands	519	Singapore	526
Japan	523	Australia	516	Canada	524
New Zealand	522	Switzerland	514	New Zealand	521
Belgium	520	Belgium	511	Japan	520
Austria	520	Japan	511	Australia	515
Denmark	513	Ireland	509	Netherlands	508
Czech Republic	510	Sweden	505	Belgium	506
Iceland	506	Denmark	504	Norway	503
Austria	505	Poland	502	Estonia	503
Germany	504	Germany	499	Switzerland	501
Sweden	502	Austria	498	Iceland	500
Iceland	501	Czech Republic	496	Poland	500
France	496	United Kingdom	495		
United Kingdom	495	Iceland	495	Liechtenstein	499
Poland	495	France	492	Sweden	497
Slovak Republic	492	Norway	487	Germany	497
Hungary	491	Hungary	487	Ireland	496
Luxembourg	490	Luxembourg	485	Chinese Taipei	495
Norway	490	Slovak Republic	479	France	496
Spain	480			Denmark	495
UNITED STATES	474	Spain	470	United Kingdom	494
Portugal	466	Portugal	469	Hungary	494
Italy	462	Italy	465	Portugal	489
Greece	459	Greece	459	Macao-China	487
Turkey	424	Turkey	436	Italy	486
Mexico	406	Mexico	408	Latvia	484

Source: OECD

STEM

제2장

왜 초등 STEM 교육인가?

> 초등학생은 전통적인 커리큘럼이 가정하는 바와는 다르게 STEM 과목을 지나치게 단순화하여 이해하거나 사고하지 않는다. 초등학생은 어린 나이에 구체적인 실례와 추상적인 개념을 모두 파악할 수 있다.
>
> 대통령 과학기술 자문위원회, 2010

학창시절 내가 구체적인 과학 수업을 받기 시작한 것은 9학년 자연과학 수업에서였다. 인정하기 슬프지만 나는 수업을 잘 따라가지 못했다. 수업 내용은 실험 경과를 기록하고 그렇게 수집된 자료를 바탕으로 결론을 도출하는 것이 전부였다. 나는 이와 같은 수업이 처음이었고 솔직히 말하자면 과학에 아무런 생각도 흥미도 없었다. 하지만 과학이 필수과목이라 11학년 화학까지 계속 들었다. 이후로도 과학에 흥미가 생기지는 않았다. 대학 2학년 2학기에 3학년으로 진급하기 위해서는 무조건 과학 과목 하나를 이수해야 했고 나는 자연지질학101 수업을 신청했다. 그 수업은 내 인생을 송두리째 바꾸어놓았다. 과학에 대한 애정을 가르치던 교수의 학식이 나를 고무시켰다. 나는 결국 부전공으로 과학과 수학을 선택했다. 그리고 600명이 넘는 꼬마 과학자와 수학자를 가르쳤고 그중 많은 학생들이 STEM 분야로 진출했다. 나는 초등학교에서부터 STEM 교육을 실시하는 것이 효과가 있다고 확신한다.

하지만 미국 초등학교에서 교사 생활을 해본 사람이라면 지금의 교육개혁이 교육자가 경험한 초등학생의 현실과는 맞지 않다는 사실에 공감할 것이다. 지난 수십 년간 이루어진 연구들은 학생들이 어떠한 방식으로 수학, 과학, 공학, 기술을 학습하는지 보여준다. 다감각적 학습에 몰입하는 학생들의 경우 학습 동기가 부여되고 학업성취도가 향상된다(PCAST, 2010). STEM 교육에 어릴 때부터 노출되는 것은 특히 소수자와 여성에게 중요하다. 2012년 4월 바이엘 기업은 지난 15년간의 분석이 담긴 '과학 교육 설문조사에 따른 사실'을 발표했다. 설문조사는 다양한 부류의 사람들을 대상으로 실시했고 사람들은 과학과 기술, 과학 교육, 과학 이해도, STEM 등에 대한 자신의 생각을 진술했다. 설문조사 결과 모든 사람들이 공통으로 공유하는 15가지 일반적인 생각이 발견됐다. 그중 초등교육에 유의미한 결과는 다음과 같다.

- 모든 학생들을 위한 과학 교육 개선이 필요하다. 특히 여성과 소수자를 위한 교육이 정책에서 최우선으로 고려되어야 한다. 또 STEM 인재의 육성은 초등교육에서부터 시작되므로 가능한 한 이른 시기에 과학 교육을 실시해야 한다.
- 과학에 대한 흥미와 재능은 인종이나 성별과 무관하다. 누구든지 어릴 때부터 과학에 흥미를 가진다.
- 초등학교에서 과학은 '4번째 R'로, 읽기, 쓰기, 수학과 함께 동일하게 강조되어야 한다.
- 과학 교육에 조작활동을 통한(hands-on) 학습법과 고도의 사고를 통한(minds-on) 학습법을 도입해야 한다. 이는 학생들로 하여금 과학을 학습하게 하고 나아가 비판적 사고, 문제해결능력, 협동심과 같은 핵심적인 과학 능력을 구축하게 하는 최선의 방법이다. (Bayer, 2012)

이는 STEM 교육이 초등학교 단계에서 시작되어야 하는 이유들 중 극히 일부일 뿐이다. 국가조사위원회(NRC)는 학생들이 적극적으로 교사, 급우, 환경과 관계를 형성하는 과정에서 발생하는 '능동학습(active learning)'의 효과성을 확인했다(NRC, 2011). 국가조사

위원회의 또 다른 연구의 핵심 결론은

> "학생들은 과학 실습에 적극적으로 참여하면서 과학을 학습한다. 구체적으로 연구 수행, 아이디어 공유, 전문적인 말하기와 글쓰기, 기계적 · 수학적 · 컴퓨터 기반 모델링, 현상에 대한 과학적 기술이 그것이다." (NRC, 2007)

이때 '과학'이란 단어를 'STEM'이란 단어로 대체하더라도 결론은 성립할 것이다.

한때 유치원은 사회화의 장이었음을 기억해야 한다. 아이들은 삼삼오오 모여 놀이터에서 뛰놀고 소꿉놀이를 하며 새로운 놀이를 개발하곤 했다. 아이들은 학습하는 방법을 배웠다. 하지만 오늘날 유치원의 모습은 사뭇 다르다. 아이들은 유치원에서 읽고 쓰는 법을 배운다. 놀이 시간이 없고 당연히 STEM 학습 시간도 없다. 국가조사위원회의 다른 보고서는 사회적 상호작용이 학습에 미치는 영향의 중요성을 강조한다.

> "어떤 학습 환경은 학생들에게 과학 실습에 참여할 기회를 제공한다. 학생들은 과학적 진술과 도구를 기반으로 과학적 담론을 활용하여 사회적 상호작용에 내재한 과학적 과제를 수행한다. 이와 같은 학습 환경을 위해서는 학생들이 과학 실습을 할 수 있도록 지원해야 한다." (NRC, 2007)

아이들은 놀이 시간이 필요하다. 아이들은 놀이 시간을 통하여 다른 아이들과 소통하고 환경과 상호작용하며 학습하는 방법을 배우게 된다.

유치원의 교육 현실은 초등학교의 교육 현실에 그대로 이어진다. 매년 소위 '기타' 교과목이 사라지고 있다. 지금 초등교육에서는 읽기, 쓰기, 수학의 세 과목만 강조된다. 다른 과목의 희생으로 읽기 전문가와 수학 전문가가 넘쳐나야 하는 판국에 미국은 국제학업성취도평가(PISA) 결과 평균을 약간 웃도는 읽기 전문가와 평균에 훨씬 못 미치는 수학 전문가만 양산해냈음이 드러났다. 과제를 협력적이고 생산적으로 수행할 수 있는 비판적 사고가 점점 부족해지는 것이다. 연방 차원에서 시행되는 의무시험의 결과로 학교의 성패가 가늠되기 시작하면서 미국 학생들은 매일 시험 준비만 하고 있다.

왜 이런 현상이 발생했는가? 우리가 학생들이 STEM 교육을 통하여 습득하는 능력과 기술이 미래 사회에 미치는 영향력을 간과했기 때문이다. 최선의 STEM 실습은 일반적인 관점에서 최선의 교육 실습이다. 2011년 국가조사위원회 보고서에 따르면

> "이와 같은 (최선의) STEM 실습에 주목해야 한다. 어떤 전략은 STEM 학습을 통해서만 성취되고 어떤 도전은 특히 STEM 분야에서의 성패를 좌우하기 때문이다."

미 하원의원 퍼지가 제시한 다른 연구들은 어릴 때부터 STEM 교육을 받은 학생들이 그렇지 않은 학생들보다 과학과 수학에서 학업성취도가 높다는 사실을 보여준다.

교육정책센터(CEP)에 따르면 아동낙오방지법은 STEM 교육에 투자되는 물리적 시간에도 변화를 초래했다. 교육정책센터는 아동낙오방지법의 영향에 대한 연구의 일환으로 2006년과 2007년에 각 과목에 할애되는 교육 시간을 조사한 자료를 바탕으로 심층 분석을 시행했다. 분석 결과 미국 초등교육의 초점은 수학과 영어에 있었다. 이는 현재 교사의 학생성적책임제도 아래에서 수학 시험과 영어 시험이 매년 치러지고 있기 때문이다. 연구의 핵심 결론은 다음과 같다.

- 대다수의 학군에서 영어 교육과 수학 교육에 투자하는 시간이 증가하고 다른 교과목에 투자하는 시간이 감소했다. 영어 교육과 수학 교육 시간이 증가한 학군들은 평균 43%의 증가율을 보였다. 한편 기타 교과목의 교육 시간이 감소한 학군들은 평균 32%의 감소율을 보였다.
- 영어 교육 시간이 증가한 학군의 80%가 교육 시간을 주당 75분 이상 늘렸고 절반 이상인 54%가 교육 시간을 주당 150분 이상 늘렸다. 수학 교육 시간이 증가한 학군의 63%가 교육 시간을 주당 75분 이상 늘렸고 19%가 교육 시간을 주당 150분 이상 늘렸다.
- 영어 교육과 수학 교육 시간이 증가한 대부분의 학군에서 사회, 과학, 미술, 음악, 체육 등 교과목의 수업 시간과 쉬는 시간, 점심시간 등 기타 시간이 상당 부분 감소했다.
- 영어 교육과 수학 교육 시간이 증가하고 다른 교과목의 교육 시간이 감소한 학군의 72%가 다른 교과목의 교육 시간을 주당 75분 이상 줄였다. (McMurrer, 2008)

지난 몇 년간 STEM 교육의 중요성은 대부분 고등학교 혹은 고등학교 이상의 교육 단계에서 조명되어 왔다. 하지만 STEM 교육은 초등학교에서도 매우 중요하다. 미국이 미래에 혁신을 주도하고 기술을 개발하기 위해서는 초등 STEM 교육이 필수적이다. 초등 STEM 교육 없이 중학교 이상의 교육 단계에서 처음으로 STEM 과목을 접한 학생들이 비판적 사고를 하기란 결코 쉽지 않다. 사람들의 뇌리에 오랫동안 남아 그들에게 영향을 미치는 것은 교과서의 이론적인 설명이 아니다. 그보다는 다양한 교과목이 접목된 연구 프로젝트를 수행한 경험이 훨씬 기억에 남을 것이다.

2010년 국제과학교육학회(IJSE)는 과학자와 대학원생을 대상으로 그들이 과학에 처음 관심을 가지게 된 계기를 조사한 연구를 발표했다. 전체 응답자 중 대다수인 65%가 중학교에 진학하기 이전부터 과학에 흥미를 느끼기 시작했다고 대답했다(Maltese & Tai, 2010). 대통령 과학기술 자문위원회에 따르면 "STEM 과목에 관심을 보이는 8학년 학생들은 실제로 STEM 분야에서 학위를 취득할 가능성이 3배 더 높다." 이와 같은 연구 결과는 초등학교에서 STEM 교육을 실시하는 것이 매우 중요하다는 점을 시사한다.

오바마 정부는 이미 1,000여 개의 새로운 STEM 중심 학교를 설립할 것을 권고했다. 이 중 800개가 초등학교 및 중학교로 지정됐다. STEM 교육은 당장 유치원에서도 가능하다. 대통령 과학기술 자문위원회의 연구 결과는 다음과 같이 이어진다.

> "많은 연구에서 전문지식을 습득하는 것은 개인의 선천적인 재능보다는 개인이 전문분야에 지적이고 생산적인 방식으로 시간을 충분히 투자하여 자신을 헌신할 만한 동기와 그런 기회가 있는지에 달렸다고 분석한다. 이와 같은 과정에서 개인은 과학자, 수학자, 혹은 공학자와 같은 사고력을 개발할 수 있다."

나는 위 연구 결과를 실제로 목도했다. 사실 내가 지금 가르치고 있는 2학년 학생들은 내가 아는 한 가장 훌륭한 과학자이자 수학자이며 공학자이다. 연구 결과는 다음과 같이 끝맺는다.

> "과학과 수학에 대한 전통적인 교수법은 학생들의 자연 세계에 대한 타고난 호기심, 추론 능력, 정통한 관찰력 등을 과소평가하여 만들어진 부분이 적지 않다." (PCAST, 2010)

다행히 다양한 분야의 지도자들이 교육자의 이러한 외침에 동조하기 시작했다. 초등 STEM 교육은 효과가 있다.

제3장

규준과 평가

STEM 분야에 기초한 혁신으로 움직이는 세계 경제에서 미국 학생들이 경쟁력을 갖기 위해서는 지식과 기술에 대한 공통의 견고한 토대가 필요하다.

대통령 과학기술 자문위원회, 2010

공유된 교육 규준의 사용은 새로운 개념이 아니다. 교준에 기초한 교육개혁은 수십 년간 화두였다. 1994년 클린턴 정부가 초등교육법을 재인가하면서 연방법 차원에서 규준 교육의 장을 열었고 이는 2001년 부시 정부의 아동낙오방지법으로 이어졌다(P. L. 107, 2002). 하지만 그 결과 학생들의 학업성취도가 하락했고 교사들의 수업 효과가 떨어졌다. 이러한 가운데 엄격한 공통 규준과 평가가 도입되었다(Carmichael, Martino, Porter-Magee & Wilson, 2010). 전국 교육학자들이 노력한 결과, 엄격한 공통 규준과 평가가 확립되었다. 이는 교사들에게 양질의 교육 계획을 세우고 실행하게 할 뿐만 아니라 모든 학생들이 지역에 관계없이 세계 최고 수준의 교육을 제공받을 수 있도록 국제적인 기준이 된다.

공통핵심학습규준

공통핵심학습규준(CCSS: Common Core State Standards) 계획은 주(州) 차원에서 전국주지사협회(NGA Center for Best Practices)와 주교육감협의회(CCSSO)의 주도하에 편성되었다. 공식 홈페이지에 따르면 공통핵심학습규준은 미국 전역의 교사, 학부모, 학교 행정가, 전문가 등이 모든 학생들에게 장래에 필요한 기술의 습득을 보장하기 위하여 개발한 것이다. 또 세계 경제에서 미국 학생들이 경쟁력을 발휘할 수 있도록 국제 규준에 근거하고 있다(Frequently asked questions, 2012). 이는 잘 기술되어 있고, 따르기 쉬우며, 발달단계에 적절하고, 필수적이다.

포드햄(Fordham) 연구소는 2010년의 영어 규준과 수학 규준을 내용, 엄격성, 명확성, 구체성의 네 가지 지표에 점수를 부여하는 방식(10점 만점)으로 분석했다. 최종보고서는 공통핵심학습규준이 당시 39개 주에서 사용하던 수학 규준이나 37개 주에서 사용하던 영어 규준보다 명백하게 우수하다고 적시했다. 39개 주에서는 공통핵심학습규준이 수학 과목과 읽기 과목 모두에서 월등한 상태였다(Byrd-Carmichael, Martino, Porter-Magee & Wilson, 2010). 2013년 5월에 이르러 5개 주를 제외한 모든 주가 수학 과목과 영어 과목에 공통핵심학습규준을 공식 채택했다. 채택하지 않은 5개 주 가운데 미네소타 주, 네브래스카 주, 알래스카 주는 공통핵심학습규준보다 '명백하게 열등한' 규준을 적용한다.[1] 나머지 2개 주인 텍사스 주와 버지니아 주는 공통핵심학습규준과 비교하여 '우열을 가리기 힘든' 규준, 즉 명확성과 엄격성의 지표에서 공통핵심학습규준과 비슷한 점수를 기록한 규준을 사용한다. 공통핵심학습규준을 채택한 주는 모두(1개 주 제외) 새로운 규준으로 이행하기 위한 공식적인 시행 계획을 수립한 것으로 나타났다. 와이오밍 주는 시행 계획을 수립하는 중이라고 보고했다(Porter, Riley, Towne, Hightower, Lloyd, Sellers & Swanson, 2012). 이와 같이 대부분의 주가 학생들에게 양질의 엄격한 교육을 제공하기 위하여 단결했다는 사실은 초등교사에게 많은 힘이 된다. 미국의 공통 규준의 마련을 위한 노력은 차세대과학학습규준에서도 잘 드러난다. 차세대과학학습규준은 간학문적

1) 미네소타 주에서는 미 교육부가 주법에 의한 승인없이 교육 규준과 평가 방식을 수정, 폐지 또는 채택하는 것이 불가하다. 이는 다른 교육 정책들이 계속되는 한 법적으로 현행의 교육 규준과 평가 방식을 유지해야 함을 의미한다.

학습을 지향하고, 학생들에게 현실세계의 문제해결을 요구하며, 교사들로 하여금 학생들의 필요를 더 잘 충족시킬 수 있도록 한다.

차세대과학학습규준

차세대과학학습규준(NGSS: Next Generation Science Standards)은 26개 주의 과학 관련 이해관계자의 노고로 탄생했다. 공식 홈페이지에 따르면 차세대과학학습규준은 "내용과 실습이 풍부하며 모든 학생들에게 국제 표준적인 과학 교육을 제공하기 위하여 과목 간·학년 간 일관성을 유지하는 방식으로 배열되어 있다(Developing Next Generation Science Standards, 2013)." 차세대과학학습규준은 이전 규준과는 여러 측면에서 다르다. 특히 교사들의 전문지식과 학생들의 개성 내지 특성을 존중한다는 점에서 큰 차이를 보인다. 차세대과학학습규준의 모든 규준은 수행 가능성으로 정의된다. 각각의 수행 가능성은 수업 후 학생들이 할 수 있어야 하는 것에 대한 진술로 구성된다. 이는 과제와 평가가 나열된 목록이 아니다. 대신 학생들의 학업성취도를 평가할 수 있는 다양한 방법을 큰 틀에서 제시하는 것이다.

구체적인 수업은 필요하지 않을 수도 있다. 규준에 숙달되는 것은 다양한 방식으로 가능하기 때문이다. 다음의 초등학교 3학년 차세대과학학습규준은 학생과 교사의 필요에 따라 다양하게 평가될 수 있을 것이다.

3.PS2-1: 물체의 운동에 힘의 균형과 불균형이 미치는 영향에 대한 증거를 발견하는 연구를 계획하고 실행한다.

예를 들어 어떤 3학년 학급은 뉴턴의 운동 법칙에 대한 다양한 경

험과 이해를 바탕으로 발표를 기획하여 규준에 숙달되는 것을 보여줄 수도 있다. 반면 다른 3학년 학급은 골프장 모형을 설계하고 이에 연관된 과학 개념을 제시하여 규준에 숙달되는 것을 보여줄 수도 있다.

차세대과학학습규준의 통합적 구조는 학생들에게 여러 과목을 학습하는 기회를 제공한다. 차세대과학학습규준은 영어 과목과 수학 과목에 적용되는 공통핵심학습규준과 기술·공학 과목에 사용되는 개념들이 논리적인 연관성을 가지도록 설계됐다. 하지만 나는 무엇보다 초등교사로서 엄격한 교육을 고안하고 실행하는 전문지식이 인정된다는 점이 가장 마음에 든다. 차세대과학학습규준은 어떤 특정한 커리큘럼에 기초한 것이 아니다. 대신 국제적인 규준에 근거하여 모든 학생들에게 세계 최고 수준의 교육을 보장하고 나아가 21세기에 거둘 성공에 대비하게 한다.

공통 규준은 교사 양성 프로그램의 초점도 된다. 수년간 예비교사를 가르치며 내가 깨달은 바는 제아무리 훌륭한 예비교사라 하더라도 기본 과학 개념에 대한 지식이 부족한 경우가 많다는 것이다. 이는 미국의 K-12 교육의 결과이자 읽기와 수학에 치중된 교사 양성 프로그램의 현실이다. 하지만 STEM 교육이 학생들의 성공에 미치는 긍정적인 영향에 대한 인식과 차세대과학학습규준의 지원으로 대학 차원에서 교육 관행의 변혁이 가능하다. 연구들은 교사들이 자신이 사용할 커리큘럼에 대한 준비 여부가 학생들의 성적과 학습을 좌우한다고 지적한다(Boyd, Grossman, Lankford, Loeb & Wyckoff, 2009). 만약 모든 주가 공통 규준을 공유한다면 특정 교사가 어느 대학을 졸업했는지가 크게 문제되지 않는다. 모든 대학 졸업자는 지역에 관계없이 전문가가 고안하고 국제 교육 기준과 궤를 같이하며 공통 규준에 근거한 수업을 제공할 수 있게 된다. 이때 교사 양성 프로그램은 차세대 인재를 양성하기 위한 구체적인 강의를 기획하는 데 이점을 가진다. 또 공통 규준에 근거한 수업자료, 교재, 평가 등의 개발에 방향을 제시하는 데 도움을 준다.

공통 규준 수립의 가장 이로운 측면은 아마 전국 교육자와 전문가의 협력일 것이다. 공유된 교육 규준은 전국 교육자·전문가 간의 협력을 증진하기 위한 STEM 네트워크의 설립에 완벽한 토대를 제공한다. 이와 같은 협력으로 미국은 학생들의 필요에 부응하는 지속적이고 수준 높은 교육 규준을 개발하고 학생들이 세계 경제에서 경쟁하는 데 대비하도록 도울 수 있다.

공통 평가

공유된 교육 규준은 모든 학생들에게 세계 최고 수준의 교육을 제공하기 위해 필요한 하나의 요소일 뿐이다. 공통 평가 역시 학생들이 21세기에 요구되는 기술을 습득하게 하는 필수 요소다. 하지만 현재의 평가 체계는 모든 학생들의 성공을 보장하지 못한다. 대부분의 교사들은 현재 시행하는 의무적인 평가 체계의 양과 질에 불만이 있다. 모든 교육 관계자가 규준과 평가의 중요성을 공감하고 있지만 문제는 어떤 규준과 어떤 평가 체계를 택할 것인가이다. "규준 목표는 사실의 암기가 아니라 사실적 지식, 개념의 이해, 과정상 기술, 생각의 습관을 망라한 결합물의 성취가 되어야 한다. 평가 체계는 학생들이 이러한 폭넓은 학습에 얼마만큼 숙달되었는지를 측정해야 한다."(PCAST, 2010) 미국 학교의 대다수는 법적으로 주 차원의 부가적 평가를 치른다. 하지만 이러한 시험이 학생들의 성공을 정확하게 측정할 수는 없다. 그저 시험 당일 학생들의 이해력을 짤막하게 묘사해줄 뿐이다. 이와 같은 평가 체계의 결과, 미국 학생들은 과학, 수학, 읽기 및 쓰기 영역에서 다른 나라의 학생들에 뒤처지는 것으로 보인다. 그럼에도 불구하고 각 지역구는 평가시험에서 높은 성적을 받기 위해 수업 시간을 시험 준비에 할애하는 잘못을 범한다. 이로 인해 지금의 학생들은 비판적 사고가 부족하고 협동 작업을 어려워한다.

평가 목적은 학생들의 학습을 측정하는 데 있다. 형성평가는 학생들의 학업성취도를 추적하기 위해 수업 기간 내내 계속해서 실시되는 반면 총괄평가는 주로 각 단원이 끝날 때만 치러진다. 세계 경제는 내용 중심이 아닌 기술 중심의 환경으로 변화하고 있다. 따라서 미국 학생들은 복잡한 이슈를 해결하기 위해 다양한 맥락에서 지식을 활용할 수 있어야 한다. 학생들이 진정으로 알아야 하는 것을 측정하고 공통된 규준과 궤를 같이하는 공유된 총괄평가가 필요한 시점이다. 물론 예산과 시간의 문제가 있겠지만 공유된 평가 체계의 기획과 실행에 전국적인 협력이 가능하다면 예산 절약은 물론 시간 단축도 가능하다. 또 국제적인 기준에 보조를 맞춘 평가 체계는 학생들의 학업성취도에 대한 좀 더 정확하고 구체적인 정보를 제공한다. 교육서적 출판사 역시 교사들과 학생들의 필요를 충족하기 위해 바뀐 평가 체계에 상응하는 교육과정 단원과 소재를 개발하려 할 것이다. 이처럼 공통 평가는 학생과 교사 모두에게 도움이 된다.

대부분의 STEM 교사들은 형성평가를 통해 수집된 자료들에 기초하여 수업을 계획한다. 이와 같은 과정이 반복되면 교사들은 학생들이 중요 개념에 대해 얼마만큼 이해하고 있는지를 빨리 판단할 수 있게 된다. 교사들은 수업을 하면서 학생들을 평가하고, 그에 따라 수업 내용을 바꾸거나 이미 했던 내용을 다시 가르치기도 한다. 초등 STEM 교사들은 주 1회 시험을 보는 것보다 수업 시간에 학생들의 이해도를 틈틈이 점검하는 방법이, 비슷한 수준의 정보를 주면서도 훨씬 실행하기 쉽다는 사실을 잘 알고 있다. 이때 프로젝트 기반·학생 중심적 학습 환경이 조성된다. 학생들의 이해도는 글쓰기, 발표, 프로젝트, 자기 평가, 동료 평가의 방식으로 측정된다. STEM

학습하에서 학생들은 스스로의 성취도를 평가하고 나아가 참 평가의 개발에 관여한다.

간학문적 STEM 교육은 엄격한 규준에 근거한 프로그램을 학생들에게 전달하는 데 이상적인 구조를 제공한다. 각국의 지도자들은 이제 STEM 교육이 학생들의 성공에 미치는 영향을 인식하기 시작했다. 최근 미네소타 주 상원의원 프랑켄과 오리건 주 상원의원 머클리가 도입한 법안은 공통 규준과 공통 평가를 통하여 STEM 분야에서의 학생들의 학업성취도를 개선하는 데 일조할 것이다. 상원의원 프랑켄에 의하면 "세계 경제에서 미국의 미래 경쟁력은 우리 학생들이 STEM 분야에 얼마나 숙달되었는지에 달려 있다. 지금 미국은 한참 뒤처져 있다." 대통령 과학기술 자문위원회는 공통교육규준의 필요성을 다음과 같이 간결하게 요약한다.

> "공유된 교육 규준은 교사들에게 더 나은 교수 자료를 제공하고 더 많은 전문성 향상의 기회를 마련해준다. 또 미국 학생들의 성취도를 측정하고 나아가 이를 다른 나라 학생들의 성취도와 비교할 수 있는 공정하고 타당한 평가 체계의 확립을 위한 기초 작업의 근간이 된다." (PCAST, 2010)

다행히 모든 교육 관계자가 규준에 근거한 초등 STEM 교육의 긴급한 필요성을 절감하고 있다.

제4장

간학문적 접근의 이점

> STEM 중심의 교육을 하는 초등학교들은 과학 학습과 읽고 쓰는 능력을 더 잘 연결하는 독특한 기회를 제공할 수 있다. 오늘날, 독서와 과학은 일반적으로 별개의 서로 다른 주제 영역으로 지도되고 있고, 학습에 관한 두 영역 사이에서 동반상승효과는 종종 간과되고 있다.
>
> 대통령 과학기술 자문위원회, 2010

지식과 정보의 소통이 수시로 일어나는 현대사회에서 여러 지식분야에 능통하고 그러한 지식들 사이를 쉽게 넘나들 수 있는 개인은 성공할 것이다. 간학문적 수업은 창의성, 적응성, 비판적 추론 및 협동을 촉진한다(Jacobs, 1989). 학습을 위한 통합적 접근은 학생들이 많은 분야에서 전문성을 개발할 수 있도록 할 뿐만 아니라, 실생활에서 작용하는 상호관계의 중요한 역할을 이해하도록 돕기 때문에 효과적이다.

간학문적 교육은 이해하기 쉬운 방법으로 주제들을 통합하고, 학생들이 유의미한 이해를 발달시키도록 하며, 선택된 주제에 대한 교과 사이의 관계를 고찰하는 능력을 길러주는 수업방법이다. 간학문적 학습이 학생들의 학업성취와 교사의 실제상에 긍정적인 영향을 미친다는 것이 여러 연구에서 거듭 나타나고 있다. 학생들이 과학이나 수학을 학습하는 방법에 대한 미국 연구위원회 보고서의 결론 중 하나는 다음과 같다.

> "미국에서 사용되는 전형적인 교과 과정은 물론이고 기존의 많은 국가, 주 및 지역의 규준과 평가들은 동일한 중요성을 가지면서도 서로 동떨어진 주제들을 너무 많이 포함하고 있다. 어떤 주제에 대한 학생들의 이해를 어떻게 지원할 수 있고 향상시킬

> 수 있는가에 대한 관심은 미미하다. 그 결과 주제는 반복되고, 일관성이 거의 없이 피상적이게 되며, 그러한 것들이 한 단계 높은 지식의 성장에는 취약한 토대로 작용하게 된다." (NRC, 2007)

간학문적 수업은 다음 두 가지 이유로 실시된다. 첫째, 간학문적 수업은 학생들에게 동기를 부여하고, 더 높은 학업성취로 나아가게 할 수 있다. 둘째, 간학문적 수업은 매일 같이 일곱 가지 서로 다른 교육과정을 계획하고 평가해야 하는 교사의 부담을 덜어준다.

학생들은 자연스럽게 간학문적 학습의 매력을 알게 된다. 아동들은 어떤 토픽을 완벽하게 탐구하도록 허용되었을 때, 자신의 능력에 대한 자신감이 증가한다. 자신감이 향상될수록 학생들의 성취도 또한 향상된다. '간학문적 연구의 논리(The Logic of Interdisciplinary Studies)'라는 종합보고서는 처음에 150개 이상의 문서를 조사하고, 대규모 ERIC 검색을 실시한 후, 학생들이 간학문적 접근의 학습에서 다음과 같은 이익을 얻는 것으로 결론지었다.

- 일반적 지식의 이해, 보존 및 응용력을 증가시킨다.
- 지식분야를 뛰어넘어서 의사를 결정하고, 비판적·창의적으로 사고하고, 교과를 초월하여 지식을 종합하는 능력을 발달시킨다.
- 새로운 과제를 해결하는 데 필요한 중요한 정보를 식별, 평가 및 전달하는 능력을 증대시킨다.
- 협력학습한 사람의 학습자로서 그리고 공동체의 의미 있는 일원으로서 더 나은 태도를 증진시킨다.
- 학습 동기를 증대시킨다. (Mathison & Freeman, 1997)

주제 간 통합인 STEM은 학생들이 영어로 된 언어과목과 수학의 규준들을 성취할 수 있도록 충분한 기회를 제공할 수 있다. 학습자들은 자신들의 학습에 직접적으로 연관될 뿐만 아니라 전념한다. 협동과 협력을 통해 학생들은 도전적으로 다감각을 활용하는 경험에 진정으로 참여하게 된다. 예를 들어, 과학 시간에 학생들은 종종 노래를 부르고, 책을 읽으며, 예술을 창조하고, 이해한 바를 설명하는 글을 쓰기도 한다. STEM 중심의 간학문적 수업은 몇 개의 교과로부터 단일 학습에서 습득되어야 할 규준들을 생각한다. 차세대과학학습규준의 장점 중에 하나는 이 단계는 이미 완성되었다는 것이다. 각 '수행 가능성'은 서로 교차하는 개념들뿐만 아니라 영어와 수학과목의 공통핵심학습규준에서의 규준과 연결되어 있다. 성공적인 초등 STEM 수업에서는, 어디에서 한 주제가 끝나고 어디에서 다른 주제가 시작되는지 설명하기는 어렵다. 〈준비하고 영감을 주기(Prepare and Inspire)〉라는 교육 보고서는 다음과 같이 설명한다.

> "읽기와 쓰기에 대한 지도법과 과학에 대한 지도법은 중복될 수 있으며, 아울러 학생들이 여러 가지 복합적인 항목을 통해 STEM 주제들에 접근하게 해주면서 각 주제에 소요되는 수업시간을 증가시킬 수 있는 보완이 될 수도 있다." (PCAST, 2010)

교육자로서, 이것은 우리가 확실히 계획해야 하는 것이다. 학생들의 학습은 현실 세계를 반영하고 있다. 일상에서 독립적으로 사용하는 고립된 부분은 없다. 대신에 복잡한 문제를 해결하기 위해 여러 분야의 지식을 통합한다. 지식을 손쉽게 적용하는 능력은 사업가 및 교육 지도자들에 의해 지난 몇 년 동안 반복적으로 논의되어 왔다. STEM 지식이 빠르게 변화하고 있기 때문에 오늘날의 고용주들은 학문적 지식이 많은 노동자를 필요로 하지 않는다. 대신 효과적으로 의사소통하는 사람, 비판적으로 생각하는 사람, 조직 내에서 협력하여 조직의 성공에 기여하는 사람을 찾는다. 간학문적 STEM 수업이 미래를 이끌어갈 학생들을 육성할 수 있다.

초등교육자의 한 사람으로서 학습에 대한 간학문적 접근방법을 사용하는 가장 명백한 장점 중 하나는 그것이 교사의 일을 좀 더 쉽게 해준다는 것이다. 주제들을 통합함으로써 초등교사의 지나친 계획, 준비, 그리고 스트레스가 줄어들게 된다. 매일 일곱 가지의 서로 분리된, 관련 없는 교육 과정(읽기, 쓰기, 수학, 과학, 문법, 맞춤법, 사회)을 준비하는 대신 교사는 한 가지 주제를 완벽하고 깊이 있게 가르친다. 사실 간학문적 수업에 대한 미국 학교들의 비판 중 하나는 '1인치의 폭과 1마일의 깊이'를 가르치는 다른 나라들과 반대로, '1마일의 폭과 1인치의 깊이'를 가르치는 경향이 있다는 것이다(Mathison & Freeman, 1997). 융합수업은 주제들을 철저하게 가르치기 위해 다양한 지식분야를 자연스럽게 끌어오게 된다. 국가연구위원회의 연구에 따르면 개념적 사고를 할 수 없을 만큼 많은 주제들로 가득 찬 교육과정이 되지 않도록 보장하는 것이 중요함을 입증하였다(NRC, 2007). 또 이 연구는 교육과정에서 깊이가 거의 없는 너무 많은 주제들을 다루면 개념적 지식을 해칠 수 있음을 시사한다. 더 깊이 있는 소수의 주제를 다루는 것이 더 큰 성취를 이룰 수 있음을 지적하는 것이다(NRC, 2011).

간학문적 STEM 교육은 교사에게 각 학년의 수업에 독특한 요구를 효과적으로 충족시킬 수업적인 설계구조를 제공해준다. 간학문적 수업은 인지적으로 도전적이고, 학생들이 자신의 경험과 학습뿐만 아니라 여러 교과에 걸친 지식들을 연결시키도록 되어 있다. 2007년 국가 연구위원회 간행물 〈학교에서의 과학수업: K-8학년에서 과학의 교수·학습(Taking Science to School: Learning and Teaching Science in Grades K-8)〉에서 과학의 교수학습은 기존의 교과 과정을 변경하기를 권고하였다. "성공적인 과학 수업을 만들려면 교사는 특정 시기에 특별한 그룹의 학생들에게 적절한 수업을 설계하기 위해 교과 과정의 교재들을 변경하고 각색할 필요가 있다." (NRC,

2007)

'간학문적 연구의 논리(Logic of Interdisciplinary Studies)'는 교사가 간학문적 접근을 사용하면 얻을 수 있는 이점들에 대해서 다음과 같은 내용을 시사한다.

- 학생들과의 관계가 개선되고 더 의미 있어진다.
- 교과 과정의 유연성이 향상되고 계획과 주제들의 분절성이 거의 없다.
- 인간의 두뇌와 학습 과정에 대한 연구에서 지원을 받을 수 있다.
- 21세기의 요구와 직접적인 관련이 되며 국가적인 규준에서 지원을 받는다. (Mathison & Freeman, 1997)

간학문적 수업이 STEM 중심의 프로그램들을 강화한다는 사실은 곧 밝혀질 것이다. 교사는 분절되고 과밀한 교과 과정에 대한 장황한 계획과 구현에서 해방되고, 학생들은 학습한 개념을 충분히 이행함으로써 보상을 받는다.

다음은 주디스 바이오스트가 지은《부자가 되고 싶은 알렉산더》(지양어린이, 2014)를 활용한 간학문적 STEM 수업의 예시다. 핵심은 동전의 값, 동전의 등가, 십진수 체계다. 이 수업은 학생들이 연결 짓는 것을 도와주기 위해서 두 가지 내용요소의 수학과목 규준과 다섯 가지 내용요소의 영어과목 규준을 의도적으로 통합하고 있다. 사전 및 사후 평가는 이 수업을 통하여 학생들이 개념과 규준에 대해 이해한 것이 전통적인 수학, 읽기, 또는 쓰기 교육과정을 통해 학생들이 학습한 것에 비해 훨씬 더 깊고 풍부하였다는 사실을 보여주었다. 학생들은 결국 돈, 뺄셈 및 백의 자릿수 배열표를 이해했다. 그들은 또한 교과목과 실생활을 연결 짓기 위하여 실제적인 양상에서 읽고 쓰기를 사용할 수 있었다.

부자가 되고 싶은 알렉산더

학년수준: 2학년(5학년까지 적용 가능)

개요: 이 책을 동전 값과 동치, 100까지의 세기 개념, 이해, 어휘, 쓰기 그리고 발표 기술들을 가르치는 데 사용한다.

규준

- 수학: 2.MD.8; 2OA.1; 2.0A.2; 2.NBT.1; 2.NBT.5; 2.NBT.6; 2NBT.8; 2.NBT.9
- 국어: RL.2.1; RL.2.3; RL.2.7; SL.2.2; SL.2.4; W.2.5; W.2.8; L.2.1; L.2.2; L.2.3; L.2.4

필요한 자료

- 《부자가 되고 싶은 알렉산더》
- 테이프, 풀, 스테이플러, 가위
- 색연필, 크레용
- 포스터와 책을 위한 종이

교사의 준비물

- 학생 1명당 페니마스터(10개짜리 5줄) 2개
- 견본 포스터와 책
- 학생 1명당 1개의 '부자가 되고 싶은 알렉산더' 견본

1일차 절차

읽기와 쓰기: 책을 큰소리로 읽는 것으로 시작하고, 어휘와 특징, 그리고 정당한 이유로 연결성을 논의하기 위해 주요 지점에서 멈춘다.

수학: 각 아이들에게 페니 1장을 준다. 학생들에게 페니를 세라고 요청하고, 신속하게 답을 결정하기 위한 전략을 토론하게 한다. 동전의 동등한 값을 복습한다.

공학: 하나의 긴 조각 안에 100페니를 모으도록 한다(10개씩 테이프나 풀로 묶어서 쉽게 식별하도록 해야 한다).

학생들은 가장 좋은 연결방법을 결정한다.

2일차 절차

간학문적: 책을 다시 읽고, 알렉산더가 돈을 어떻게 사용했는지 시연해본다.

알렉산더가 구매한 것을 글자와 숫자로 기록한다.

모델 포스터를 보여준다. 절차와 예상을 설명한다.

3일차 절차

간학문적: 학생들은 알렉산더의 구매 목록을 설명하는 포스터를 만든다.

짝을 지어 포스터를 발표한다.

수업은 정확성과 미학의 관점에서 포스터를 평가한다.

4일차 절차

간학문적: 학생들에게 이 책의 샘플을 읽어준다.

학생들에게 자기만의 책을 만들어야 한다고 설명한다.

절차와 예상하는 것들을 설명한다.

모델이 필요하다.

5일차 절차

간학문적: 학생들은 또래, 다른 학급, 부모님에게 책을 읽어준다.

평가/사정

- 학생들은 10개씩 묶어서 셀 수 있는가?
- 학생들은 동전 값을 식별할 수 있는가?
- 학생들은 책과 포스터의 디자인과 관련된 수학을 설명할 수 있는가?
- 학생들은 올바른 철자와 문법, 그리고 구두점을 사용하는가?
- 책과 발표가 규준들의 우수함을 보여주는가?

적용

- 페니들, 샘플 포스터와 책은 모델과 함께 ELL 학생들에게 제공한다.
- '부자가 되고 싶은 알렉산더'를 파워포인트, 슬라이드쇼 또는 eBook으로 만든다.
- 축제 형식으로 설치된 수학게임-수학축제를 위해서 페니스트립을 사용한다.
- 알렉산더 시리즈의 다른 책들을 읽는다.

다음 샘플은 학생들에게 관련된 학습경험을 제공해주기 위해 과학과 문학을 의도적으로 통합한 것이다.

미스테리한 물체

학년수준: 3학년(어떤 학년이든 상관없음)

개요: 이 수업은 물체의 성질에 대비하여 생각을 이해하고 추론을 하기 위해 관찰을 사용하는 학생들을 도와주기 위함이다.

규준

- 과학: 3.1.1.2.1; 3.1.1.2.4
- 언어:W.3.1; W.3.2; SL.3.1; W.3.3; SL.3.4; RL.3.1; RL.3.5

필요한 자료

- 여러 가지 특별한 물체들
- 이야기 포맷 견본
- 《Something Big Has Been Here》(Jack Prelutsky)

교사의 준비물

- 물체와 시의 위치를 정한다.

절차

- **과학:** 다음 질문이 수업을 안내해줄 것이다.
  - ·질문: 이 물체가 어디에 쓰이는지 아나요?
  - ·가설:
  - ·데이터: 본래 질문에 답하는데 도움이 될 만한 관찰, 궁금한 점, 의견, 공통점 등을 나열해보라.
  - ·결론: 학생들은 결론을 뒷받침할 만한 관찰, 앞선 경험 등을 사용하여 원래 질문에 답한다.
- **영문/언어**

  이 책에서 'Something Big Has Been Here'라는 시를 학생들이 묵독하게 하라.

  자원하여 그 시를 크게 읽도록 해보라.

  학생들이 증거를 가지고 답을 뒷받침할 수 있는 시에 대한 관찰, 궁금점 또는 의견 등을 공유하게 한다.

학생들은 발자국을 만든 '어떤 것' 혹은 발자국 그 자체의 그림을 그린다.

이야기 구조의 견본을 사용하여 학생들은 '출발'을 위해 시를 사용한 이야기를 쓴다.

학생들은 이야기와 그림을 공유한다.

- **맺음:** 학생들은 미스테리한 물체들의 실험과 발자국 시에서 사용된 기능들을 비교하고 대비시켜본다. 학생들은 자신들의 학습을 스스로 평가한다.

평가

- 학생들은 관찰한 것을 정확하게 기록하는가?
- 학생들은 수집된 증거들에 근거하여 타당하게 설명할 수 있는가?
- 학생들의 활동은 규준들에 정통함을 보여주는가?

적용/확장

- 학생들이 미스테리한 물체를 창조해낸다.
- 학생들이 미스테리한 물체 중 하나에 대한 광고나 상품을 만들어낸다.
- 학생들이 그 물체를 더 효율적으로 만들기 위해 물체들을 변화시키는 방법을 알아낸다.
- 비율에 "Big Foot" 수학활동을 도입한다.

옛날에, ______________________________

____

매일, ______________________________

____

어느 날까지, ______________________________

____

이러한 이유로, ______________________________

____

이러한 이유로, ______________________________

____

마지막에 이르기까지, ______________________________

____

그날 이후로, ______________________________

____

물의 순환

학년 수준: 2학년(5학년까지 적용 가능)

개요: 며칠에 걸친 수업으로 학생들에게 물의 순환을 가르친다.

규준

- 과학: 2.3.2.2.1
- 언어: RI.2.7; RI.2.9; RL.2.4; RL.2.7; L.2.4; SL.2.1; SL.2.5; W.2.2; W.2.6

필요한 자료

1-2일

- 교과 내용과 관련한 비디오: Study Jams-물의 순환
- 물의 순환에 대한 전형적인 그림
- 물의 순환에 대한 다른 설명 http://ga.water.usgs.gov/edu/watercyclematsmallpage.html

3일

- 리그비가 쓴 '비(The rain)' 또는 다른 시
- 헬렌 무어의 'The water cycle'
- 각 얼음
- 끓는 물
- 그룹당 유리병
- 그룹당 페트리 접시
- 그룹당 헝겊

교사의 준비물

1-2일

- 테스트 웹사이트
- 물의 순환 그림 복사본 준비
- 이해 확인 문제

3일

- 끓는 물을 유리병에 담는다, 페트리 접시에 얼음을 올리고 유리병 위에 얹는다, 헝겊으로 덮는다.
- 개념 확인 문제

1-2일차 과정

읽기와 쓰기: 학생들에게 관습

적 물의 순환 그림을 공책에 풀로 붙이게 한다. 침전물, 수집, 빗물의 양, 증발, 액화 등 핵심 어휘들을 토론한다.

비디오 시청. 온라인 단어 부문 복습. 수업 중 퀴즈

물의 순환에 대한 다른 그림을 나누어준다. 그림의 각 단계에 대해 토론한다.
부연설명을 읽는다. 물의 순환의 각 단계에서 물의 낙하가 어떻게 일어나는지 실연한다.
학생들은 비디오나 그림, 교과서에 나오는 이해 확인문제에 답을 한다.

과학: 물의 높이 변화를 알 수 있는 선이 그어진 컵 속에 색이 있는 물이 담긴 증발 컵을 준비한다. 증발이 일어날 때까지 매일 확인한다.

3일차 과정

간학문적 : 물의 순환 단계를 복습한다. 증발을 확인하기 위해 준비한 컵을 확인한다. 다음 질문이 탐구활동의 안내가 될 수 있다.

질문: 물의 순환의 각 단계를 인지하고 설명할 수 있나요?

물이 순환하는 것을 기다리는 동안 다음 시를 읽는다.

The Rain
by Helen Moore

Futter-patter, raindrops
Falling from the sky;
Here is my umbrella
To keep me safe and dry!

When the rain is over,
And the sun begins to glow,
Little flowers start to bud,
And grow and grow and grow!

The Water Cycle
by Helen Moore

When I was young I used to think that water came from the kitchen sink.
But now I'm older, and I know, that water comes from rain and snow.
It stays there, waiting in the sky,
in clouds above the world so high.

And when it falls, it flows along,
and splashes out a watery song.
As each raindrop is joined by more and rushes to the ocean shore, or to a lake, brook, stream,
from which it rises, just like steam.
But while it's down here,
what do you think?
Some does go down the kitchen sink.

자료: 실험의 명칭을 붙인 그림. 헝겊을 걷고 양철깡통의 바닥을 확인한다. 학생들이 실험 결과를 기록하게 한다.

결론: 이해를 확인하기 위한 유사한 질문을 사용한다.

- 얼음이 나타내는 것이 무엇일까요?
  이것의 목적은 무엇일까요?
- 유리병 안의 물은 무엇을 나타내는 것일까요?
  이것의 목적은 무엇일까요?
- 해는 어떻게 나타낼 수 있을까요?
  이것의 목적은 무엇일까요?
- 비를 보았나요? 자신의 대답을 설명해보세요.
- 그밖에 다른 발견한 것이 있나요?

다음 과학 실험인 '눈의 결정!'을 준비하는 데 있어서 서로 다른 형태의 강수량에 대한 이유를 학생들이 설명하게 한다.

평가

- 학생들은 물의 순환의 각 단계를 설명하고 그것의 중요성을 말할 수 있는가?
- 학생들은 정확한 철자와 문법, 구두점을 사용해서 완전한 문장을 쓸 수 있는가?
- 학생들의 활동은 규준들의 목표에 도달했는가?

적용

- 학생들이 Pixie, Word or Doodle Buddies에 관한 물의 순환 그림을 만들어 보게 한다.
- 학생들이 물의 순환에 대한 극을 쓰고 감독하게 해본다.

제5장

초등 STEM 교실의 특성

STEM 교육은 학생들에게 동기를 부여하고 격려하는 교사의 능력에 의존한다.

이것은 모든 학생들을 위해 흥미로운 기회를 만드는 것과 관련 있다.

대통령 과학기술 자문위원회, 2010

우리가 직면하고 있는 변화무쌍한 세계 경제의 과제들이 우리의 초등 교실 안에도 얼마든지 있다. 성공적인 초등 교육은 "학생들의 초기 관심과 경험을 활용하고, 그들이 알고 있는 것을 바탕으로 과학 실습에 몰두하는 경험을 제공하며, 아울러 그들의 관심을 유지하는 것이다."(NRC, 2011) 학생들이 STEM 학습에 몰입할 때 단순한 과학, 기술, 공학, 수학보다 훨씬 더 많이 학습하게 된다. 그들은 확실히 쓰기, 읽기, 말하기, 듣기, 비판적 사고, 공동체 건설을 학습하게 된다. 이러한 분야들을 포함한 더 많은 것들이 STEM 경험을 위해 꼭 필요하다.

성공적인 초등 STEM 수업은 학생 중심이며, 다양한 학습 기회를 제공하고, 모든 학생들의 독특한 요구를 충족시키는 활동적인 학습을 장려한다. 최근 바이엘 기업은 15년간에 걸친 그들의 바이엘 과학 교육 설문조사에 관한 바이엘 진실이라는 연구 결과를 발표했다. 여론조사는 과학, 기술, 과학교육, 과학적 소양, 그리고 STEM에 관한 자신들의 느낌을 과학자, 교사, 학생, 사업가 및 일반 대중에게 물었다. 분석 결과 모든 참가자들이 생각하는 15개의 보편적인 신념이 밝혀졌다. 비록 각각의 신념이 강력하지만, 나는 특히 초등학교 교실에 영향을 주는 것을 믿는다.

> "과학교육에서 손으로 조작해보는, 정신을 집중하는 접근방법은 학생들이 과학을 학습하고 비판적 사고, 문제해결 및 그룹으로 문제를 해결하는 능력과 같은 중요한 과학 소양 기술을 형성하는 데 가장 좋은 방법이다." (Bayer, 2012)

달리 말하면, 어떤 분야, 어떤 교과 과정에 대해서 간학문적인 과학, 기술, 공학 및 수학보다 더 나은 토대는 없다.

학생들의 호기심은 놀라울 정도다. 그들은 모든 것에 대한 답을 원한다. 초등학교 STEM 프로그램은 성과를 극대화하기 위해 이러한 열정을 빼앗는다. 구성주의 이론은 효과적인 STEM 수업을 디자인하고 전달하는 데 사용된다. 교사들은 학생들이 서로 정신적인 과정을 통해 지식을 구성한다고 생각한다. 그러므로 초등 STEM 학습 환경은 학생들 중심이며, 조작과 활동을 위주로 한다. 나는 현재 상당수가 영어로 학습하고, 행동이 자유로우며, 저렴하게 점심을 제공받는 비율이 높은 초등학교에서 학생들을 가르친다. 학생들 대부분은 스페인어 또는 소말리아어를 모국어처럼 구사한다. 비록 많은 연구에서 적은 비율로 대표된 이 학생들이 STEM 소양을 갖추는 데 대단히 불리하다고 지적하고 있지만, 나의 학생들은 잘하고 있다. 성공적인 초등 STEM 교실에 잘 참여하고 있다.

초등 STEM 교실은 여러 감각을 사용하거나 경험적이어야 한다. 이상적인 환경은 학생이 모든 감각을 사용하여 개념을 탐구하는 기회를 제공해야 한다. 그들은 자신들이 이해한 것을 손으로 설명하거나, 그들의 몸으로 보여주거나, 관찰하거나, 데이터를 기록하거나, 결론을 제시하거나, 노래를 부르거나, 그림으로 표현하여 설명한다. 학생들은 모든 양상으로 학습한다. 연구는 압도적으로 학생들이 자신의 경험에 기초하여 세계에 대한 의미를 구성하고 이론을 개발한다는 것을 보여주고 있다.

레스닉은 다음과 같이 그 과정을 설명한다. "학습자는 확립된 스키마의 관점에서 새로운 자료를 해석하기 위해 새로운 정보를 그들이 이미 알고 있는 것과 연결하려고 노력한다."(Resnick, 1983) 교육자들은 연구에 기초한 탐구 중심의 여러 가지 감각적 경험들을 제공함으로써 초등학교에서 아동들의 경험적인 기초를 형성하는 것에 대한 중요성을 인식해야 한다(NRC, 2007). 예를 들면, 곱셈구구를 배울 때 학생들은 암기를 돕기 위해 노래를 부르고, 타악기를 반주하였을지도 모른다. 과학을 배우는 동안 학생들은 이야기 혹은 게임을 만들고, 수공예품을 디자인하고, 파워포인트를 만들고, 그들의 신체를 이용하여 개념을 표현할 수도 있다. 학습은 이러한 경험들이 학습의 가장 필수적인 요소 중 하나인 호기심을 만들어내므로 여러 가지 감각이 관여되는 것이다. STEM은 성취를 이끌어내는 흥미를 불러일으킨다.

초등 STEM 교실에서 학생들은 적극적인 참여자이다. 여러분은 학생들이 그들의 교육 경험의 공동 관리자라고 말할지도 모른다. 환경은 각 학년의 수업에 대한 유일한 욕구를 충족시키기 위하여 학생 중심이다. 로드아일랜드 대학의 교육과 교수인 맥로플린에 따르면,

> "STEM이 지배하는 초등학교 교실에서는 독창적인 탐구가 필요한(나이에 적절한) 문제해결에 학생들이 참여해야 한다. 학생들은 해결책을 디자인하고, 모델화하고, 테스트한다. 그들은 자료를 분석하고 학교에서 결과를 서로에게, 또는 동료에게 이야기하거나 심지어 인터넷을 통해 다른 사람에게 보여주기도 한다." (McLaughlin, 2009)

균형과 운동에 관하여 지난해 2학년 물리학 단원을 설계할 때, 나는 '장난감의 과학'이라고 하는 10주짜리 간학문적 단원을 만들기

위하여 과학의 개념을 언어, 사회, 공학, 기술, 예술과 통합하는 방법을 고찰하면서 학생들의 관심과 요구를 고려하였다. 설계한 단원을 통해 학생들은 상판 회전, 물체의 균형, 움직이는 장난감에 관한 균형과 운동을 탐구하였다. 학생들은 그들이 좋아하는 장난감의 평균에 관한 자료를 수집하였고, 그 결과를 부모와 직원이 좋아하는 장난감들의 결과와 비교하였다. 그들은 이제는 못쓰게 된 쌍둥이 빌딩 사이를 용감하게 걷고 있는 펠리페 페팃의 이야기를 읽었고, 다양한 움직이는 '장난감'들을 설계하였으며, 시를 썼고, 노래를 불렀으며, 그러고는 그들 스스로의 참여와 이해를 평가하였다.

> "어른들은 아동들에게 주의를 기울이고, 아동들의 경험을 구조화하고, 아동들의 도전을 지원하며, 그들에게 주어지는 정보의 복잡한 정도와 난이도를 조절함으로써 아동들의 호기심과 지속성을 촉진하는 데 핵심적인 역할을 한다." (NRC, 2007)

성공적인 STEM 프로그램에서 학생들은 교실에서 교사의 도움을 받아 자신들의 학습에 책임을 진다.

한 초등학교 STEM 수업이 흥미를 끌고 있다. STEM 교사들은 학생들을 학습 과정에 참여시키기 위해서 의도적으로 간학문적 경험을 계획한다.

> "학생들은 자연스럽게 호기심과 창의성을 갖게 된다. 학생들이 새로운 것을 발견할 수 있고 세상이 돌아가는 원리를 설명할 수 있다는 것을 깨닫게 될 때, 그 발견은 깊이 내면화되고 일생의 열정이 될 수 있다." (PCAST, 2011)

STEM 교육은 복잡한 이슈를 신중하게 생각하고, 문제를 해결하고, 기계적인 물건을 만들거나 고치고, 이전에는 그 어느 누구도 관찰하거나 이해하지 못했던 일들을 관찰하거나 이해하는 것에 관하여 신중하게 생각하도록 하기 위해 아동들의 자연스러운 성향을 형성하도록 해야만 한다. STEM 학생들은 끊임없이 고차원적인 사고활동에 관여한다. 비록 읽기, 쓰기, 그리고 수학은 필수적인 부분들이지만, 한 과목이 어디서 끝나고 또 다른 과목이 어디서 시작되는지를 말하기는 어려울지 모른다. STEM 교사들은 실생활을 반영하기 위해서 학습을 통합한다. 예를 들어, 나는 종종 수학시간에 책을 읽어주거나 학생들에게 글을 쓰게 한다. 어떤 때에는 학생들이 작문시간 동안 과학실험을 수행하거나 사회시간에 수학이나 기술적 문제를 해결하게 할 수도 있다. 초등 STEM 교사들은 분절되거나 서로 관련성이 없는 교육과정을 가르치지는 않는다. 그들은 학생들이 정해진 규준들을 숙달하는 데 필요한 기술과 개념을 가르친다. 만들어진, 그리고 필요한 탐구활동들을 연결시켜주는 결과로 모든 학생들은 더 높은 단계에 도달할 수가 있다.

초등 STEM 교실을 조성할 때는 정교한 기자재나 자료들은 필요 없다. 물리적 장소와 도구가 중요하지만, 가장 중요한 것은 학습에 대한 접근방법이다. 수업은 언제나 규준에 일치시킨다. 이것은 학습에 초점을 맞추고, 학생들의 성취도를 극대화하며, 교사의 효율성을 증대하기 위해서 필요하다. 규준에 기초한 수업은 또한 수업을 설계하는 데 있어서 유연성을 제공해준다. 교사들은 특별한 순서로, 특정한 교육과정을 가르쳐야 할 의무는 없다. 왜냐하면 모든 수업은 규준에 기초해 있으며 간학문적이기 때문이다. 이러한 접근법은 교사들이 각 학년의 수업을 학생들의 요구와 흥미를 충족시킬 수 있는 수업을 구성하도록 해준다.

초등 STEM 교실의 효과적인 조직은 독립성, 협력, 혁신을 만들어내는 데 매우 중요하다. 기자재와 자료들은 접근하기 편하고 이용하기 쉽도록 분류해 놓는다. 학생들은 스스로를 신뢰하고, 학습 과정에 적극적인 참여자가 된다. 학생들은 깊이 있게 주제를 탐구하기 위해 정기적으로 협동하는 그룹으로 활동한다. 학생들이 특정한 프로젝트에 며칠을 보낼 수 있는데, 이것은 허용되고 장려된다. 왜냐하면 모든 수업은 많은 과목들이 교차되면서 수많은 규준을 다루기 때문이다. 학생들에게 관련되는 STEM 수업을 하기 위하여 학습의 목표는 항상 제시된다. 교사와 학생은 협력하여 활동하며 성공이라는 목표달성을 함께 공유한다.

초등 STEM 교실은 흥미진진한 곳이다. STEM 교실은 학생과 교사에게 똑같이 득이 된다. 교사들은 "학생들의 특별한 관심이나 능력에 관한 개인적이고, 의미 있는 경험"을 제공해줌으로써 학습자들을 고무시킨다(PCAST, 2010).

학습자들은 흥미를 끌면서도 엄격한 교육으로부터 이득을 얻는다. 경제협력개발기구는 최근 《The Science of Toys》를 출판했다. 이 책과 동반되는 교사의 안내서는 아동 중심의 교실에서 중요한 요소를 제공한다. 몇 가지 핵심 원리는 다음과 같다. "학습자들은 제각기 다르며 획기적인 학습 환경은 각 수업을 받는 학생들의 다양한 경험과 기존지식을 반영한다." 이것은 적절히 효과적인 초등 STEM 교실을 설명해준다.

다음은 '장난감의 과학'이라고 하는 본인이 고안한 10주간의 간학문적 단원의 웹 조직도와 교육과정 표이다. 모든 교육과정상의 자료들은 STEM 중심이며 규준에 기반한다. 활동과 평가는 학생들의 깊이 있는 사고, 지식의 적용, 그리고 학생들이 알아낸 것으로 의사소통하도록 요구한다. 이 단원은 모든 학생들이 활동적인 참여자가 되고 협동적인 그룹 구성원이 되는 기회를 제공한다.

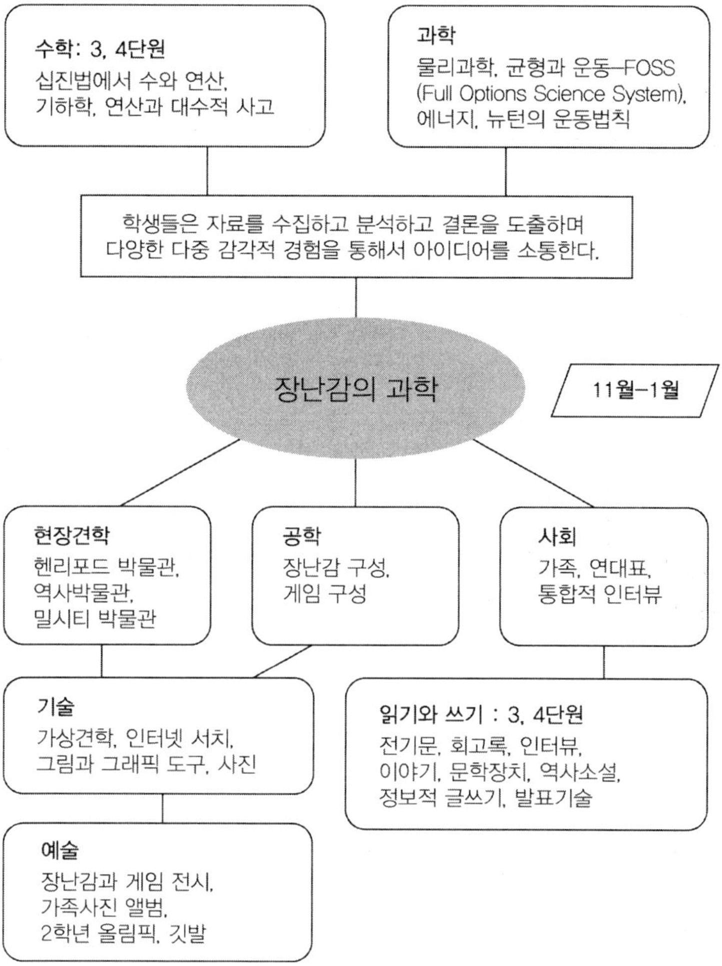
수학: 3, 4단원
십진법에서 수와 연산,
기하학, 연산과 대수적 사고
과학
물리과학, 균형과 운동–FOSS
(Full Options Science System),
에너지, 뉴턴의 운동법칙
학생들은 자료를 수집하고 분석하고 결론을 도출하며
다양한 다중 감각적 경험을 통해서 아이디어를 소통한다.
장난감의 과학
11월–1월
현장견학
헨리포드 박물관,
역사박물관,
밀시티 박물관
공학
장난감 구성,
게임 구성
사회
가족, 연대표,
통합적 인터뷰
기술
가상견학, 인터넷 서치,
그림과 그래픽 도구, 사진
읽기와 쓰기 : 3, 4단원
전기문, 회고록, 인터뷰,
이야기, 문학장치, 역사소설,
정보적 글쓰기, 발표기술
예술
장난감과 게임 전시,
가족사진 앨범,
2학년 올림픽, 깃발

장난감의 과학

"2학년"

사람에게 장난감이 필요한가?
장난감과 우리를 어떻게 과거, 현재, 미래로 연결하는가?

과학

• 규준

자연 과학	운동	1. 물체의 운동은 시간의 흐름에 따른 위치의 변화로 설명할 수 있다.	2.2.2.1.1	다른 물체나 어떤 이면의 상대적인 위치에 있어서 물체의 변화를 설명하여라. (예: 앞으로, 뒤로, 위로, 아래로)
		1. 물체의 운동은 시간의 흐름에 따른 위치의 변화로 설명할 수 있다.	2.2.2.1.2	물체들이 직선, 곡선, 원, 앞과 뒤, 그리고 다른 속도 등과 같이 다양한 방법으로 움직인다는 것을 설명해보아라.
		2. 물체의 운동은 밀거나 당기는 힘에 의해 변할 수 있다.	2.2.2.2.2	어떻게 지구 가까이에 있는 물체들은 지지하지 않으면 땅으로 떨어지는지를 설명해 보아라.

• 개념

- 모든 것은 물질 또는 에너지이다.
- 에너지는 일을 할 수 있는 능력이다.
- 일 = 거리에 대한 힘
- 힘 = 밀거나 당기기
- 힘의 종류: 중력, 마찰력, 무게, …

- 두 종류의 에너지가 있다. (위치에너지, 운동에너지)
- 잠재적인 = 저장된 에너지
- 운동 = 움직임
- 에너지는 한 가지 형태에서 다른 형태로 변화할 수 있다. 그러나 결코 새로 창조되거나 파괴할 수 없다.
- 균형 = 평형 = 순수한 힘이 0인 상태
- 움직임 = 시간이 갈수록 위치가 변함
- 선형 운동 = 직선에서 일어나는 운동
- 회전 운동 = 한 점 주위를 도는 운동
- 질량/중력의 중심 = 모든 질량이 집중되는 점
- 운동에 관한 뉴턴의 세 가지 법칙

제1법칙: 관성. 물체는 외부에서 불균형의 힘이 가해지지 않으면 상태를 유지한다. 움직이는 물체는 불균형의 힘이 가해지지 않으면 같은 속도와 방향으로 계속 움직이려 한다.

제2법칙: F=MA. 힘 또는 어떤 물체가 가진 질량의 변화가 가속도에 영향을 미친다.

제3법칙: 작용/반작용. 모든 작용은 크기는 같고 방향은 정반대인 반작용이 존재한다.

- FOSS 균형과 운동 : 균형, 질량 중심, 회전 운동, 직선 운동
- 균형 막대: www.exploratorium.edu/snacks/balacing`stick/index..html
- **평가** : 장난감 디자인과 설계 수행평가, 쓰기 평가

	과학적인 방법	의사소통	자료	결론
4	학생들은 과학적인 방법을 따랐으며, 다른 사람들이 반복 가능한 탐구를 하기 위한 모든 부분 또는 필요한 단계를 가진다.	학생들이 과학적인 개념과 과정들을 이해한다는 것을 보여준다. 학생들은 때에 따라서 그림, 표, 다이어그램으로 자신들의 생각을 나타낸다.	수집된 자료는 문제에 답을 하는 데 중요하다. 필요에 따라 많은 시도들을 한다. 자료는 명확하고, 깔끔하고, 완벽한 형태로 제시된다.	결론이 원래 문제에 대한 답이다. 학생들은 답을 뒷받침하기 위하여 수집한 자료를 사용한다. 실세계와의 관련성이 이루어지고 다른 질문이 생성된다.
3	학생들은 과학적인 방법을 따르지만, 사소한 부분 혹은 단계를 놓칠 수도 있다. 혹은 과학적인 방법의 어떤 한 부분이나 단계가 명확하지 않을 수도 있다.	학생들이 과학적인 개념과 과정들을 이해한다는 것을 보여줄 수는 있지만, 자신들의 사고는 이치에 맞지 않을 수도 있으며 일부 자세한 것들을 빠뜨릴 수도 있다.	수집된 자료는 문제에 답을 하는 데 중요하지만, 정돈되지 않거나 명확하지 않다. 또는 충분한 자료가 수집되지 않았다.	결론이 원래 문제에 답을 해주지만, 답이 수집된 자료에 의해 지지받지 못한다. 연결성이나 다른 문제제기가 일어나지 않는다.
2	학생들은 어떤 단계를 따랐지만, 어떤 부분이나 단계를 빠뜨릴 수 있으며, 혹은 그 방법이 명확하지 않을 수도 있다.	학생들이 대부분의 과학적 개념과 과정들을 이해한다는 것을 보여줄 수 있지만, 자신들의 사고는 이치에 맞지 않을 수도 있으며 일부 자세한 것들을 빠뜨릴 수도 있다.	자료를 수집하였으나, 정돈되지 않거나 명확하지 않거나, 혹은 문제에 답하는 데 그다지 중요하지 않다. 혹은 충분한 자료 수집이 이루어지지 않았다.	결론이 완전하지 않고 수집된 자료를 활용하지 않는다. 연결성이나 문제제기가 일어나지 않는다.
1	과학적인 방법, 단계, 혹은 부분들의 증거가 없다.	학생들이 과학적인 개념과 과정을 이해하고 있다는 것을 보여주지 못한다. 낱말, 표, 그림 등은 주어진 문제와 관련되어 있지 않다.	학생들이 자료를 수집하지 않았거나 거의 수집하지 않았다.	결론이 원래 문제의 답이 되지 못하며 수집된 자료를 사용하지 않는다. 연결성이나 문제제기가 일어나지 않는다.

과학 평가 – 교사용

4	3	2	1
항상 그렇다 정돈된 완벽한 옳은 수월 수준	**대부분 그렇다** 정돈된 완벽한 옳은 만족 수준	**가끔 그렇다** 정돈된 완벽한 옳은 부분 만족 수준	**거의 그렇지 않다** 정돈된 완벽한 옳은 수준 미달

평가에 사용되는 서술적 평정척도 규준

읽기와 쓰기

• 규준

문학

핵심 아이디어와 세부 사항

RL.2.1. 텍스트에서 핵심 세부내용에 대한 이해를 설명하기 위해 누가, 무엇을, 어디서, 언제, 왜, 그리고 어떻게와 같은 질문을 하고 답을 한다.

RL.2.3. 이야기에서 등장인물이 주요 사건과 도전에 어떻게 반응하는지 설명한다.

기술과 구조

RL.2.5. 어떻게 이야기를 시작하고 행동을 결론짓는지에 대한 설명을 포함하는 이야기의 전체적 구조를 설명한다.

RL.2.6. 대사를 소리 내어 읽을 때 각 등장인물의 목소리를 다르게 내는 것을 포함하여 등장인물의 관점 차이를 인정한다.

지식과 아이디어의 통합

RL.2.7. 등장인물, 배경, 구성의 이해를 보여주기 위해 인쇄물이나 디지털 문서의 삽화와 단어에서 얻은 정보를 사용한다.

기초적인 기능

철자와 단어 인식

RF.2.3. 단어를 해독하는 데 있어서 학년 수준의 발음 중심 교수법과 단어분석 기술을 알고 적용한다.

유창성

RF.2.4. 이해를 돕기 위해 정확하고 유창하게 읽는다.

정보를 제공하는 텍스트

핵심 아이디어와 세부 사항

RI.2.1. 텍스트에서 핵심 세부내용에 대한 이해를 설명하기 위해 누가, 무엇을, 어디서, 언제, 왜, 그리고 어떻게와 같은 질문을 하고 답을 한다.

RI.2.2. 다양한 단락으로 이루어진 텍스트의 주제와 텍스트 안에 있는 단락들의 초점을 확인한다.

RI.2.3. 텍스트 속에서 일련의 역사적인 사건, 과학적인 아이디어 또는 개념, 기술적인 절차에서 나타나는 단계들 사이의 연결성을 묘사한다.

기능과 구조

RI.2.5. 텍스트의 다양한 특징을 알고 사용한다.

RI.2.6. 텍스트의 주요 목적(저자가 답하고, 설명하고, 묘사하길 원하는 것이 무엇인지)을 확인한다.

지식과 아이디어의 통합

RI.2.7. 특별한 이미지가 텍스트에 어떻게 기여하고 텍스트를 어떻게 명확하게 하는지를 설명한다.

RI.2.8. 텍스트에서 작가가 만들 특정한 부분을 어떠한 이유로 지지할지 묘사한다.

RI.2.9. 같은 주제에 관해 두 개의 텍스트에 의해 나타난 가장 주요한 점들을 비교 및 대조해본다.

언어

표준영어의 약속

L.2.1. 쓰거나 말할 때 영어 문법과 관용법의 약속을 설명한다.

L.2.2. 대문자 사용, 구두점, 철자의 약속에 대한 요구를 설명한다.

언어에 관한 지식

L.2.3. 쓰고, 말하고, 읽고, 들을 때 합의된 약속을 따른다.

어휘 취득과 사용

L.2.4. 여러 전략들을 융통성 있게 선택하면서, 2학년의 읽기와 내용에 기초한 알려지지 않거나 다양한 의미를 가진 단어나 구의 의미를 결정하고 명백히 한다.

L.2.5. 비유적으로 쓰이는 언어, 단어들의 관계와 발음에 관한 이해를 보여준다.

L.2.6. 형용사, 부사를 사용하여 무언가를 기술하는 것을 포함하여 대화, 읽기, 다른 사람에게 내 것을 읽게 하기, 글에 반응하기 등을 통해 알게 된 단어와 구절을 사용한다.

말하기와 듣기

이해와 협력

SL.2.1. 크고 작은 그룹에서 동료 및 어른들과 '2학년 주제 및 텍스트'에 관해 다양한 파트너와 협력하는 대화에 참여한다.

SL.2.2. 구두 또는 다른 매체로 제시된 정보를 차례대로 이야기하기, 핵심 아이디어를 설명하거나 혹은 텍스트의 자세한 내용을 큰 소리로 읽는다.

SL.2.3. 명확한 이해를 위해, 추가적인 정보를 모으기 위해, 혹은 어떤 주제나 문제에 대한 이해를 깊게 하기 위해 화자가 말한 것에 대하여 질문을 하고 답을 한다.

지식과 아이디어의 제시

SL.2.4. 어떤 이야기를 말하거나 적절한 사실 및 관련되는 경험을 차례대로 말하고, 자세하게 묘사하며, 일관된 문장으로 들리도록 말한다.

SL.2.5. 이야기 또는 시에 관한 기록을 오디오로 녹음하거나, 이야기에 시각적 표현들을 추가하거나 또는 아이디어, 생각, 감정 등을 언제 명확하게 하는 것이 적절한지에 관한 경험을 차례로 이야기한다.

SL.2.6. 세부사항 또는 설명을 언제 제공하는 것이 적절한지에 관하여 완전한 문장을 만들어본다.

쓰기

텍스트의 유형과 목적

W.2.1. 자신들이 쓰고 있는 주제를 소개하는 의견들을 적고, 의견들을 진술하고, 의견을 뒷받침하는 이유를 제시하고, 의견과 이유를 연결할 접속사를 쓰며, 끝맺는 문장이나 부분을 제시한다.

W.2.2. 주제를 소개하기 위해 유용한 정보를 주는 설명식의 텍스트를 쓰고, 요점을 전개하기 위해 사실과 정의를 사용하며, 끝맺는 문장이나 표현을 제공한다.

W.2.3. 학생들이 행동과 생각, 느낌을 설명하기 위해 세부사항을 포함하고 있는 사건을 이야기하고, 사건의 순서를 나타내기 위해 시간과 관련된 단어를 사용하며, 종결되었다는 것을 느낄 수 있도록 필요한 내용을 제시한다.

쓰기의 제작과 분류

W.2.5. 어른들과 동료들의 안내와 도움을 받아, 어떤 주제에 초점을 두고 필요에 따라 수정하고 편집함으로써 쓰기를 강화한다.

W.2.6. 동료들과 협동하는 것을 포함하여 어른들의 안내와 도움을 받아, 쓴 글을 제작하고 출판하기 위한 다양한 디지털 도구를 사용한다.

- **활동**: GHGR: 2단원과 3단원
- **읽기 쓰기와 수학의 연계**

  Between the Towers

  Family Pictures = Cuadros de familia

  Momma Where Are You From?

  The Marvelous Toy

  In My Momma's kitchen

  The Velveteen Rabiit

  Mirette on the Highwire

  Toy Story
- **쓰기**

  어디서 오셨습니까?

  가족사진 앨범
- **웹사이트**

  뉴턴의 운동법칙:

  http://teachertech.rice.edu/participants/louviere/Newton/
- **평가**

  가족사진 앨범

  어디서 오셨습니까?

수학

• 규준

십진법에서 수와 연산

덧셈과 뺄셈을 하기 위하여 자릿값 이해와 연산의 성질 사용하기

2.NBT.1. 백, 십, 일의 양을 나타내는 세 자리 수의 각 자리를 이해한다. 예를 들어 706은 100이 7, 10이 0, 1이 6인 수와 같다. 다음과 같은 특별한 경우도 이해해야 한다. 100은 '100'이라 부르는 10이 10묶음으로 생각할 수 있다.
100, 200, 300, 400, 500, 600, 700, 800, 900의 수들은 100이 1, 2, 3, 4, 5, 6, 7, 8, 9라고 부른다(10이 0, 1이 0).
2.NBT.5. 자릿값, 연산의 성질, 그리고 덧셈과 뺄셈 사이의 관계에 기초한 전략을 사용하여 100보다 작은 수들의 덧셈과 뺄셈을 능숙하게 한다.
2.NBT.8. 주어진 수 100~900에서 10 또는 100을 암산으로 더하고, 주어진 수 100~900에서 10 또는 100을 암산으로 뺀다.
2.NBT.9. 자릿값과 연산의 성질을 사용하는 것이 덧셈과 뺄셈 전략에 왜 효과가 있는지를 설명한다.

기하학

도형과 그들의 속성 추론

2.G.1. 주어진 수만큼의 각과 주어진 수만큼의 면과 같이, 특정된 속성을 가지는 도형을 인식하고 그려본다. 삼각형, 사각형, 오각형, 육각형, 정육면체를 확인한다.

연산과 대수적 사고

덧셈 및 뺄셈과 관련된 문제를 표현하고 해결하기

2.OA.1. 덧셈과 뺄셈을 이용하여 100 이하의 범위에서 모든 위치

에 미지수를 가지고 있는, 합병, 첨가, 제거, 비교 상황을 포함하는 1단계 또는 2단계의 문장제 문제를 해결한다.

20보다 작은 더하기와 빼기

2.OA.2. 암산 전략을 사용하여 20보다 작은 덧셈과 뺄셈을 능숙하게 한다.

측정과 자료

자료를 표현하고 해석하기

2.MD.10. 최대 4개의 범주까지의 어떤 자료의 집합을 표현하기 위해 (하나의 단위규모) 그림그래프와 막대그래프를 그려본다. 막대그래프에 나타난 정보를 사용하여 간단히 합치거나, 분해하거나, 비교하는 문제들을 해결한다.

- **활동**: 3, 4단원
- **대칭 예술과 프로젝트 쓰기:** 학생들은 대칭이 되는 예술 작품을 만들어서 그리고 자신들이 만든 작품을 수학, 과학과의 관련성을 설명할 것이다.
- **수학과 읽고 쓰기의 연계**

  The 512 Ants on Sullivan Street

  One Grain of Rice

  The Greedy Triangle

  Alexander Who Used to Be Rich Last Sunday

  The King's Chessboard

  Cloak for a Dreamer

  Math-terpieces

  Seeing Symmetry
- **평가**: 수학 그룹, 2학기, 3·4단원

사회

• 규준

1. 우리/ 세계역사	2. 사람들, 문화, 시대적 변화	2. 우리 지역사회와 세계의 문화는 다양하다.	2.1.2.2.1	자신이 속해 있는 지역사회와 다른 지역사회의 문화적인 특징을 비교하고 대비시켜보아라.
4. 경제	1. 기본 개념	2. 삶의 어떤 측면은 시간이 지남에 따라 변하지만 또 다른 측면은 그대로 머물러 있다.	2.1.1.2.1	옛날과 오늘날의 기술, 교통, 건축물들을 비교하고 대비해보아라.
1. 우리/ 세계역사	2. 사람들, 문화, 시대적 변화	1. 사람들이 역사를 만든다.	2.1.2.1.1	사건과 인물을 확인하고, 미국과 다른 나라에서 다양한 국경일을 통해 기념하는 이유를 설명해보아라.

- **활동 개요:** 인공물에 대한 탐구와 인터뷰를 통해서 학생들은 해가 바뀌면서 좋아하는 장난감이 조금씩 변해왔다는 것을 알게 될 것이다.
- **안내하는 질문:** 지난 100년 동안 장난감은 어떻게 바뀌어왔을까?
- **목표:** 학생들은,
    - 좋아하는 장난감을 그리고 왜 그 장난감을 좋아하는지 이유를 설명한다.
    - 학급 친구들과 좋아하는 장난감을 서로 비교한다.
    - 좋아하는 장난감이 무엇인지 알기 위해 친척들을 인터뷰한다.
    - 과거와 현재의 좋아하는 장난감들의 단서를 얻기 위해서 사진

들을 조사한다.

‣ 좋아하는 장난감은 시간이 지남에 따라 변화해왔다고 결론을 짓는다.

- **핵심 개념:** 미국에서 지난 100년간 장난감이 어떻게 변화해왔는가?
- **자료:** 사진, 장난감 파워포인트, 헨리포드 웹사이트의 장난감 사진
  http://www.thehenryford.org/exhibits/collections/collections/toys.asp
  헨리포드 웹사이트
  http://www.thehenryford.org/exhibits/toys/
- **기간:** 3~5일
- **수업순서**

1일차

1. 안내하는 질문을 제시하고, 학생들의 대답을 차트 종이 위에 기록한다.
2. 학생들이 좋아하는 장난감의 그림을 그리거나 수업에 가져오도록 한다. 학생들은 그것들을 선택한 이유를 설명하면서 그림이나 물건을 친구들과 공유한다.
3. 차트 종이에서 비슷한 점, 차이점, 주제 등을 찾아서 목록으로 만든다.
4. 읽기: 《The Marvelous Toy》(Tom Parton)
   아버지가 자신의 아버지에게 물려받은 장난감을 아들에게 주는 이야기
5. 과제: 부모님이나 친척들이 어렸을 때 좋아했던 장난감은 무엇인지 인터뷰한다.

2일차

1. 학생들은 인터뷰를 통해 발견한 것들을 공유하고 토의한다.

2. 토의에서 학생들이 관찰한 것을 목록으로 만든다. (비슷한 점, 차이점, 주제 등)
3. 1일차와 2일차를 비교하고, 일반화 또는 관찰한 것을 기록한다.

3일차

1. 수집된 사진들을 훑어보게 한다. 단서를 찾기 위하여 모둠을 만들고 관찰을 기록한다. 그것은 얼마나 오래 되었을까? 이것이 어린이들이 좋아하는 장난감이라 생각하는가? 사진에서 그 밖에 무엇을 말할 수 있는가?
2. 모둠들은 찾아낸 것을 발표한다.
3. 3일차에 결론/관찰한 것들을 많이 기록한다.

4일차

1. 학생들은 짝지어 헨리포드 장난감 전시회에 간다. http://www.thehenryford.org/exhibits/toys/
2. 학생들은 제시된 질문에 답하기 위한 자료들을 모은다. 장난감이 어떻게 변화했는지, 웹사이트에 따르면 어떻게 똑같이 유지되었는지 관찰한 것들을 기록해도 좋다.
3. 확장 : 옛날부터 좋아했던 장난감은 무엇이고 이유는 무엇인가?
4. 데이터에서 학생들이 관찰한 것을 목록으로 만든다. (비슷한 점, 차이점, 4일차를 위한 주제)

5일차

1. 모둠에서 학생들은 제시된 질문에 답을 한다. “지난 100년간 장난감은 어떻게 변화했는가?”
2. 모둠별로 반 전체 학생들에게 결론을 발표한다.

- **프로젝트 아이디어:** 장난감 연대표, 장난감 연구, 장난감 영화, 그림책, 과거의 축하 상연일 때의 장난감, 장난감 만들기

- **현장견학**
  - 트윈 씨티의 철도 모형 박물관: http://www.tcmrm.org/
  - 미네소타 역사박물관의 'Makin의 원숭이들: 클래식 장난감의 역사'
    http://events.mnhs.org/calendar/Results.cfm?EventID=4365&bhcp=1
  - 헤너핀 카운티 역사박물관:
    http://hennepinhistory.org/objects.aspx
- **읽기와 쓰기의 연계**

《Sorting Toys》(Fennifer Marks)

《Science in Seconds with Toys》(Jean Potter)

- **학생 도전과제**

생각과 관찰한 것 기록하기

현장견학을 위한 비용을 인터넷으로 검색

헨리포드 현장견학

- **평가**: 인터뷰, 장난감과 게임 전시회

STEM

제6장

1년 동안 연속적으로 일어나는 일에 대한 쓰기

점점 증가하고 있는 연구의 주된 부분은 학생들이 STEM을 어떻게 학습하는지 조망하고 있다. 이 연구들은 개념적 이해와 사실적 기억, 절차적 유창성에 관한 진부한 논쟁들을 뛰어넘는다. 또한 이 연구들은 과학과 수학을 학습하는 학생들은 이러한 능력들이 서로 뒷받침해주기 때문에 모든 능력들을 습득할 필요가 있다고 강조한다.

대통령 과학기술 자문위원회, 2010

학생과 교사 모두에게 특별한 간학문적 STEM 수업을 고안하는 것은 많은 이점이 있다. 가장 중요한 것은 통합된 STEM 교육과정이 학생들의 동기를 유발하고 교사의 교수에 효과가 있다는 것이 입증되었다는 점이다. 비록 초등학교 교사들에게 학습에 대한 상대평가를 하는 것이 처음에는 시간이 많이 걸리지만, 이것은 그 노력만큼이나 가치가 있다. STEM 기반 수업은 학생들의 주의를 끌고, 교사들에게는 의견을 전달하고, 평가하고, 양질의 수업을 설계하기 위한 체계를 제공한다. 많은 교사들이 놀라는 것은 간학문적 STEM 프로그램이 실제로 시행하기 쉽다는 것이다.

초등 STEM 프로그램 계획을 위한 첫 단계는 개별적인 학년 수준의 범위와 계열을 만드는 것이다. 1년에 걸치는 계획은 수업의 각 단계별 기술, 목표, 목적, 규준들의 목록을 만든다. 학생과 교사 모두의 관심을 끄는 이 계획의 강점 중 하나는 학생과 교사 모두의 특정한 욕구를 충족시키기 위해 쉽게 쓸 수 있다는 것이다. 그러나 효과적인 범위와 일련의 계열은 수업의 흐름을 안내할 뿐만 아니라 수업에 융통성을 제공한다. 예를 들어, 우리 지역은 분기별 모델을 사용하기 때문에, 나는 네 번의 10주 단위의 범위와 계열을 계획한다.

다른 교사들은 세 번의 12주 단위 또는 여섯 번의 8주 단위의 범위와 계열을 설계할 수도 있다. 비록 더욱 짧은 기간의 학습을 계획하도록 권장되지만, 6주 미만의 간학문적 학습은 학생들의 학업 성취를 극대화하는 데 결정적인 요인인 깊이 있는 탐구가 불가능하다. 따라서 가장 쉽게 계획을 세우는 방법은, 학교의 일정을 활용하여 수업 계열을 설계하도록 계획하는 것이다.

과학은 여러 가지 이유로 STEM 수업의 근본이 된다. 과학은 학생과 교사들에게 주제들을 연결시켜주는 틀을 제공해줄 뿐만 아니라 과학이 미래를 이끌어 갈 모든 학생들에게 흥미를 끌고 준비시킨다는 것이 입증되었다(Bayer, 2012). 대부분 주의 과학 규준들은 네 가지 내용요소, 즉 과학과 공학의 본질, 자연과학, 지구 및 우주 과학, 생명과학으로 나뉜다. 이와 같이 네 가지 내용요소들로 나뉘기 때문에 1년을 10주씩 네 번으로 나누어, 각 내용요소들에 중점을 두는 간학문적 단위를 만드는 것이 가장 합당하다. 그러나 과학과 공학의 본질 규준들은 네 번의 10주 단위를 통틀어 짠다. 이것은 기술과 공학이 모든 수업에 핵심 요소로 취급된다는 것을 보여준다. 다행스럽게도 차세대과학규준들은 유사하게 분리되어 있고, 과학 교육에 대한 K-12 틀에 기초해 있다. 규준에 기초한 과학 프로그램은 학생들에게 학습의 방향을 알려주고, 교사들이 매일 최대 7개의 다른 교육과정을 계획해야 하는 부담을 덜어준다.

STEP 1: 과학 규준에 접근하기

전자 형식으로 과학 규준을 찾는 가장 좋은 곳은 자신이 살고 있는 주의 교육부 웹사이트나 차세대과학규준 웹사이트다. 각 학년 수준에 맞는 자료를 인쇄하는 것이 시작하기에 가장 쉬운 방법이다. 이것은 모든 과학 규준을 한 번에 공부할 수 있도록 돕고, 특정 연령의 학생들에게 기대되는 것이 무엇인지를 알게 해준다. 전체적인 그림과 개별적인 부분을 동시에 볼 수 있다. 또 학생들과 학교의 특별한 욕구를 충족시키기 위한 지시들을 따로 떼어내어 재배열할 수 있게 해준다. 이 규준들이 전체 1년 교육과정의 토대가 되기 때문에, 이 규준들을 잘 알고 있는 것이 중요하다.

과학을 1년 동안의 틀에 배치하려고 할 때, 규준들을 주의 깊게 분석해야 한다. 범위와 계열이 모든 내용요소와 기준들을 확실히 포함하도록 해야 한다. 학생들이 어떻게 과학을 학습하는지 이해하는 것은 1년에 걸친 기능과 개념들의 비계를 만드는 데 도움을 줄 것이다. 나는 대개 과학의 규준들을 배열하는 지침으로써 블룸의 분류체계를 사용한다. 이것은 한 해의 첫 단원은 종종 관찰과 질문, 대화를 강조하기 위해 구성되는 반면에 마지막 10주 단원은 종합과 평가를 강조한다는 것을 의미한다.

범위와 일련의 계열을 쓰는 다음 단계는 각 10주 단원의 '연결고리'를 찾는 것이다. 최고의 연결고리는 학생들의 흥미와 학습 방법을 획득하는 것이며, 지속적으로 수업의 기초로써 과학을 유지시키는 일이다. 예를 들면, 우리 지역의 2학년 과학 교육과정은 FOSS의 균형과 운동 도구를 사용한다. 그 도구를 사용하여 왜 물체가 균형을 잡고 회전하는지에 관하여 학생들이 설계하고, 시험하고, 결론을 구성하도록 할 수 있다. 이용 가능한 교육과정과 재료에 따라 과학 규준들을 검토하고, 어떻게 학생들이 가장 잘 학습하는지를 이해하는 것은 '장난감의 과학'이라 불리는 10주간의 단원을 설계하는 데 도움이 되었다. 그 단원은 2학년의 몇 해 계속되는 범위와 순서의 두 번째 10주 단원에 위치한다. 사용되는 과학 규준들은 다음 표에 제시되어 있다.

내용 요소	세부 내용 요소	규준	부호	기준
자연 과학	운동	1. 물체의 운동은 시간의 흐름에 따른 위치의 변화로 설명할 수 있다.	2.2.2.1.1	다른 물체나 어떤 이면의 상대적인 위치에 있어서 물체의 변화를 설명하여라. (예: 앞으로, 뒤로, 위로, 아래로)
자연 과학	운동	1. 물체의 운동은 시간의 흐름에 따른 위치의 변화로 설명할 수 있다.	2.2.2.1.2	물체들이 직선, 곡선, 원, 앞과 뒤, 그리고 다른 속도 등과 같이 다양한 방법으로 움직인다는 것을 설명해보아라.
자연 과학	운동	2. 물체의 운동은 밀고 당기는 힘의 변화에 따라 변화한다.	2.2.2.2.1	밀고 당기는 힘이 어떻게 물체를 움직이게 하는지 설명해보아라.
자연 과학	운동	2. 물체의 운동은 밀거나 당기는 힘에 의해 변할 수 있다.	2.2.2.2.2	어떻게 지구 가까이에 있는 물체들은 지지하지 않으면 땅으로 떨어지는지 설명해보아라.

연결고리를 찾은 뒤에 사용될 임의의 교육과정과 선택된 규준들을 연결해본다. 1년의 범위와 계열에서 다른 학문적 규준들에 앞서 선택한 과학 규준들을 배치하는 것을 명심한다. 이렇게 하는 것이 도전적이고 매력적인 STEM 수업을 보장하는 데 도움이 될 것이다. 많은 주에서는 여러분들을 위해서 이미 이 과정을 해왔다. 예를 들면, 미네소타의 2학년 자연 과학 규준은 물질의 특성을 강조하고 있다. 학생들은 어떻게 여러 종류의 고체와 액체가 변화하는 환경에서 자극과 반응을 하는지를 탐구한다. 고체와 액체라고 이름 붙여진 과학 도구가 제공되었지만 학생들의 학습을 통합하기 위해서이며, 나는 그것을 설명하라고 이름 붙여진 10주간의 단원을 제공하기 위해

서로 연계된 주제들을 브레인스토밍하였다. 그 단원을 통해 학생들은 정확히 과학자와 기술자가 일상의 근거에 따라 하는 것과 똑같이 모든 분야에 걸쳐서 질문을 하고 답을 하였다.

과학 규준들을 검토하면서, 학생들의 개념을 향상시키기 위한 어떠한, 그리고 모든 이용 가능한 자원들을 모으고 체계화하라. 이것은 또한 간학문적 수업을 유지하는 데 도움이 된다. 자원들은 현재의 교육과정, 책, 사람, 현장학습, 웹사이트, 이용 가능한 자료, 무료 자료 그리고 학생이나 교사의 관심 등이 포함될 수 있다. 이 단계는 시간이 소요되지만 그만큼 가치가 있다. 쓰기에 있어 그것을 설명하라는 이와 같은 단계를 거치는 동안에, 나는 의도적으로 교육과정을 넘나드는 설명을 하는 기술과 결부하여 생각하였다. 과학에서 물질을 설명하는 것 이외에 학생들은 독서를 하며 등장인물을 묘사하고, 사회에서 효과적인 정치를 묘사하고, 묘사하는 문단과 시를 쓰고, 예술에서 시각적인 사고 전략에 참여하게 될 것이다. 일단 학생들의 관심을 끌 학문 간 연결고리들을 생각해내기만 한다면, 모든 것은 제대로 딱 맞아떨어질 것이다. 나의 현재 2학년의 범위와 일련의 계열은 아래의 10주간 단원으로 나누어진다.

설명하라(과학 및 자연과학의 본질)
장난감(공학과 자연과학)
날씨 관찰(지구 과학)
성장(생명 과학)

STEP 2: 규준을 연결시키기

일단 연간 과학에 있어서의 진행절차와 핵심 사안이 결정되면, 남아 있는 학문적 규준들을 모아야 한다. 각 교과를 인쇄물로 출력하라. 이렇게 하면 다시 한번 모든 규준을 보게 하고, 네 번의 10주간의 단원들 중에서 하나를 규준에 일치시키고, 학생들의 독특한 욕구를 충족시키기 위해 규준들을 따로 분리하거나 재배열하게 해준다. 그렇게 하는 것이 가장 쉽고, 언어와 수학 그리고 차세대과학규준 내에서 공통핵심학습규준을 사용하기에 가장 합리적이긴 하지만 개별적인 주나 지역 규준들 역시 사용될 수 있다.

다음으로 10주간의 단원을 가르치는 데 요구되는 어떠한 단원이나 교육과정을 배치하도록 하라. 이 단계는 이미 친숙한 개념을 상술할 수 있는 기회를 제공한다. 현재의 교육과정과 자료들은 활용할 수 있고 활용되어야 한다. 이는 비용절감뿐 아니라 시간까지 절약할 수 있다. 새로운 초등 교육과정은 거의 필요하지 않는다. STEM 교사들은 오로지 새로운 관점에서 현재의 자원들만 생각할 뿐이다. 분리된 10주간의 단원들을 시각화하는 데 도움을 주기 위한 한 방안으로, 그 규준들을 색깔로 부호화한다. 이것 역시 각 개별적인 단위들을 디자인할 때 생생한 도표를 제공한다.

모든 규준을 10주 안에 배치하는 것에 대해서는 걱정할 필요가 없다. 많은 규준들은 몇 년 단위로 개정된다. 예를 들어, 학생들은 다음의 2학년 규준들을 단 한 차례만 다루지는 않을 것이다. "누가, 무엇을, 어디서, 언제, 왜, 어떻게와 같은 질문을 하고 답을 하여라."(CCSS, 2012) 대신에 이러한 규준들은 학생들에게 STEM을 명확하게 해주기 위해 책, 노래, 현장학습, 시, 동작, 프로젝트 중심 학습 등의 교육과정 속에 삽입될 수 있을 것이다. 나는 학생들을 위해서 STEM 개념들을 통합하고 명확하게 하는 데 도움을 줄 만한 아이디어를 찾기 위해 웹사이트 검색을 하는 데 많은 시간을 보낸다. 왜냐하면 이것이 결국에는 내 시간을 절약한다는 것을 배웠기 때문이다. 몇 가지 최고의 웹사이트와 자료들을 이러한 인터넷 검색을 통해 찾아냈다. 구조공학을 위해 나의 학생들의 좋아하는 자료들 중 하나는 빅 브리지(Big Bridges)라고 하는 PBS 쌍방향 웹사이트이다. 학생들은 스노우 크리스탈(Snow crystals)에 있는 'Cal Tech'라는 사이트도 좋아한다.

학생들의 학습을 풍요롭게 하는 많은 이용 가능한 자료들이 있다. 가끔은 너무 많은 것처럼 보이기도 한다. 해야만 하는 중요한 일들에 너무 압도당하지는 마라. 그것은 단지 학생들과 직원들에게 가장 좋은 자원들을 찾기 위해 정보를 통하여 면밀하게 살펴보는 데 시간을 보내는 것에 지나지 않는다. 일단 그 과정에 익숙해지기만 하면, 빠르게 1년 단위의 계획을 짤 수 있을 것이다. 나는 현재 일주일 혹은 그보다 더 작은 학년 수준의 범위와 계열을 입안할 수 있다. 그것은 각각의 단위를 글로 써보면 더 쉬워질 것이다. 인내하라. 교육과정을 위해서 STEM보다 더 나은 토대는 없다.

다음은 내가 빈칸의 견본에 따라 고안한 연간계획의 예이다.

하나 됨의 힘

2학년	*설명하기* 9월-11월 관찰, 질문, 의사소통	*인형의 과학* 11월-1월 실험, 추론, 적용	*날씨* 1월-3월 분석, 평가, 요약	*성장* 3월-7월 관찰, 추론, 의사소통
과학	화학, 과학적 방법, 물질의 속성	자연 과학, 에너지, 균형과 운동, 공학	기상학, 날씨, 공기와 물의 속성	생물학, 곤충학, 식물과 곤충의 수명 주기
읽기와 쓰기	성격 묘사, 양식, 이야기 요소, 담화의 부분들, 묘사하는 글쓰기	읽고 쓰기에 대한 욕망, 역사적 허구, 전기문, 묘사적 글쓰기, 회고록, 문법	논픽션, 시, 민속 설명문 쓰기, 시제, 그래픽 분류, 발표 기술	연구 보고서, 우화, 알파벳 책, 각색, 문서 구조, 과학전시회 프로젝트
사회	공동체, 하나 됨의 힘, 현재의 사건들	가족, 세대 사이의 인터뷰	지리학, 연대표, 기후도	환경 과학, 공동체 서비스
수학	대수적 사고, 수, 십진법에서의 연산	기하학, 측정과 자료, 수	수, 십진법에서의 연산, 측정, 자료	대수적 사고, 측정, 자료, 수
기술	iMovie[1], 문서 작성, 슬라이드 쇼	가상 현장학습, 웹 검색, 그래픽 디자인	웹 시뮬레이션, 기상학, 과학기술의 쓰기	생의 주기에 관한 책, 파워포인트, 연구 프로젝트
예술	노래, 종소리, 클라베이스[2], 드럼, 피카소, 시	장난감과 게임 박람회, 2학년 올림픽, 깃발	기후 축제, 눈송이 예술, 연, 무지개 스퀴즈	기술적 그림, 과학전람회 프로젝트, 인섹토피디아 서적
현장학습	3M 마법사, 직장, 학업의 즐거움, 프랭클린 연구소	레오나르도의 차고, 장난감 기차 박물관, 헨리 포드 박물관	기상 앵커, 과학박물관, 학업의 즐거움	미시간 대학교 온실, 오듀본 공원, 일로이즈 보모 정원
공학	감각 퍼즐, 비누거품놀이 디자인	장난감 건설, 가족 나무	깃발, 기상 도구	3D 곤충, 동물원, 조경 디자인

2학년 연간 범위와 계열

---

1) 사용자가 가정에서 영상을 편집할 수 있게 도와주는 영상 편집 응용 프로그램

2) 원통형 나무막대 한 쌍으로 이루어진 악기

공학

4학년	*거품론* 9월-11월 관찰, 질문, 의사소통	*잽* 실험, 추론, 적용	*중개* 1월-3월 분석, 평가, 요약	*지질학* 4월-6월 관찰, 추론, 의사소통
과학	물의 속성, 밀도, 과학적인 방법	전기, 자기, 에너지	구조공학, 건축학	지질학,바위의 특성, 광물
읽기와 쓰기	역사소설, 민속학, 시, 해설 쓰기, 순서화, 노래, 그래픽 분류	읽고 쓰기에 대한 욕망, 논픽션, 리듬, 전기, 이야기 쓰기, 자서전, 문법	역사소설, 민속학, 시, 해설 쓰기, 순서화, 노래, 그래픽 분류	연구보고서, 푸르쿠아 이야기, 각색, 텍스트 구조, 과학 박람회
사회	공동체, 하나 됨의 힘, 현재의 사건들	발명 연구 및 연대표	미시시피 강, 미니애폴리스, 세계 다리	필스버리, 북동 미니애폴리스, 지도 작성, 지형
수학	십진법에서의 연산과 수, 대수적 사고	십진법에서의 연산과 수, 대수적 사고	기하학, 분수, 측정과 자료, 수	수와 분수의 연산, 대수적 사고
기술	iMovie 그래픽 도구, 워드프로세스, 슬라이드 쇼	가상현장견학, 웹 검색, 그래픽 디자인, 회로 설계	웹 시뮬레이션, 온라인 조사, 다리 설계, 기술적인 쓰기	분수 책, 로봇 공학, 파워포인트, iMovie, 자신이 선택한 연구 프로젝트
예술	노래, 종소리, 클라베이스, 드럼, 피카소, 관찰에 의한 그리기, 시	시 쓰기, 노래 작곡, 곱셈 책, 빠른 계산 축하하기	다리 모델, 시, 기술적인 그리기, 몬드리안, 모네	북동 모델, 학급별 연극, 시각적 사고 전략, 빅풋/비율
현장 학습 자원	미시간대학교 물리학과, 작업, 온라인 종 박물관	레오나르도의 차고, 수력 발전 공원, 과학박물관, 베켄 박물관	미니애폴리스 다리 투어, 미시시피강 보트 여행, 빅 브릿지 사이트: PBS (미국 공영 방송망)	릴리데일 화석 발굴, 오듀본 공원, GetSTEM 발표자, 밀루인스 공원

4학년 연간 범위와 계열

학년	**9월–11월** 관찰, 질문, 의사소통	**11월–1월** 실험, 추론, 적용	**1월–3월** 분석, 평가, 요약	**4월–6월** 관찰, 추론, 의사소통
과학				
읽기와 쓰기				
사회				
수학				
기술				
예술				
현장 견학				
공학				

제7장

10주 단위의 쓰기 활동

> 학생들은 그들의 관심사와 관련된 흥미로운 경험을 원한다.
>
> 대통령 과학기술 자문위원회, 2010

간학문적 STEM 단원을 설계하는 첫 단계는 예비조사와 브레인스토밍 수업시간을 완벽하게 구성하는 것이다. 나는 보통 이미 완성된 영역과 계열, 학년 수준에 해당하는 규준과 그 단원을 아우르게 될 개념을 살펴보고 시작한다. 단원 계획을 세우는 가장 쉬운 방법은 웹그래픽 조직자를 사용하는 것임을 알았다. 간결한 형식으로 교사와 학생, 가족들에게 10주 동안 배우게 될 내용에 대한 명확한 그림을 제공해준다. 개관해주는 많은 교사들에게 교수법을 따라 가면서 어떻게 발판을 마련해줄지에 대한 안내를 제공해준다. 대부분의 학습 활동이 STEM에 초점을 맞추게 된다 하더라도, 사회, 영어, 수학의 규준이 교과들을 통해 더 높은 성취를 보장하도록 할 필요가 있다. 대부분의 경우 나는 과학, 수학, 읽기와 쓰기, 사회, 미술, 현장학습, 공학, 기술을 10주 계획에 넣는다. 그리고 항상 교사에게 새로운 자료를 제공하기 전에 교육과정이 요구하는 것과 자료를 적절히 배치했는지 확인한다. 이것은 시간과 비용을 절약해준다. 초등 교사들은 자기가 설계한 STEM 중심의 교수방법이 새로운 자료를 거의 요구하지 않는다는 점에 대해 가장 놀란다.

STEM 교육은 활자화된 교수방법이라기보다는 하나의 접근이기 때문에 개별 단원을 구성할 때 상당한 융통성을 발휘할 수 있다. 예를 들어, 1년 동안 과학 4단원을 가르쳐야 한다고 하자. 내가 속한 교육구에서는 FOSS 도구세트를 사용한다. 비록 내가 필요한 과학 내용을 모두 가르친다 하더라도, 그 도구세트가 수업을 이끄는 것이 아니라 규준이 이끈다. 이것은 아주 큰 이점이다. 왜냐하면 아주 잘 만들어진 교육과정도 규준의 모든 부분을 망라하지 못하고 개별 학습자들과 교사들의 취향을 어느 정도 허용해야 하기 때문이다. 그러므로 제공되는 교육과정과 자료를 사용하여 개념을 가르치되, 학생들 또한 참여할 수 있는 방법을 찾아야 한다. 몇 년간 나는 우리 반에서 수학 시간에 종이의 구조를 디자인하고, 만들고, 평가하기 위해 하나의 도구세트에 들어 있는 인덱스카드를 사용하였다. 어떤 때에는 우리가 읽기와 쓰기 시간에 읽는 책과 연결시키기 위한 수단으로 마라카스를 만들기 위해 풍선을 사용하기도 하였다. 효과적인 STEM 프로그램은 규준에 기반을 두어야 한다는 것을 기억해야 한다. 자료를 창조적으로 사용하는 것은 전적으로 수용될 수 있으며, 의도적으로 교육과정을 넘나들며 연결하는 것은 균형 잡힌 간학문적 수업을 가능하게 해준다.

일단 웹에서 찾은 내용이 완벽하다면 더 자세한 강의계획안을 쓰기 시작한다. 나는 항상 단원을 계획할 때 먼저 '동기유발 질문' 목록을 작성한다. 동기유발 또는 핵심적인 질문은 학생들에게 학습의 목적을, 교사에게는 집중해야 하는 것을 알게 해준다. 핵심 질문은 단순히 '예/아니오'로 대답할 수 없을 뿐더러, 오히려 깊이 있는 분석과 연구를 요구한다. 그러한 질문들은 모든 학습자에게 그 주제를 다루기 시작하는 시점을 제공하고, 특정 시간의 특정 반에 특수한 것이어야 한다. 어떤 반에서 같은 규준을 사용하여 생명의 순환을 탐구한다 하더라도, 그들의 학습 목적은 완전히 다를 수 있다. 예를 들어, 미니애폴리스에 있는 학교는 북부 미시시피 공원의 식물과 동물에 대한 계절의 영향을 관찰할 수도 있다. 학생들은 수집된 자료를 다른 해의 연구와 비교할 수도 있고, 몇 년 후 공원의 날씨와 생명의 순환을 예측할 수도 있다. 이 그룹의 학습자들에게 핵심 질문은 다음과 같은 것이 될 수 있다.

어떻게 계절이 여러분의 생활과 환경에 영향을 줄까요?

미네소타의 이스트 그랜드 폭스에 있는 초등학교는 레드 리버의 계절에 따른 최고 수위점에 관한 자료를 수집할 수도 있다. 학생들은 이전 해에 수집한 자료와 비교하고, 미래의 강 개발에 관한 건의를 할 수도 있다. 그들에게 동기유발 문제는 다음과 같은 것이 될 수 있다.

레드 리버의 최고 수위점에 관한 흐름이 미래에 이스트 그랜드 폭스를 개발하는 데 어떤 의미일까요?

두 학교 모두 정확히 동일규준을 사용하고 있지만, 평가 척도는 학생들의 관심사와 교사들의 역량에 따라 달라질 것이다. 효과적인 핵심 질문을 만드는 것은 연습에 달려 있는데, 대부분 영향력 있는 성취를 보여준다.

교수 설계 과정에서 다음 요소는 그 단원에서 숙달될 규준과 개념을 목록화하는 것이다. 규준을 찾는 가장 쉬운 방법은 각 주의 교육부 웹사이트에서 찾는 것이다. PDF 버전도 쉽게 편집할 수 있다. 하지만 하나의 사이트에 목록화된 모든 과학 개념을 찾는 것은 더욱 어렵다. 대부분의 경우, 인터넷에 있는 과학 개념을 검색하는 것은 비생산적임을 알게 된다. 초등 학습자들 수준에 맞는 언어와 형식으로 된 정확한 정보를 좀처럼 찾기 어렵다. 내가 학부시절부터 간직해 온 단 하나의 유일한 자료는 에드워드 빅터(Edward Victor)가 쓴 《Science for the Elementary School》이라는 책이다. 그 책은 모든 과학 개념을 목록화해놓았으므로 모든 초등학교 교사들이 읽을 필요가 있다. 그 책을 더욱 가치 있게 하는 것은 각 과학 개념이 간단한 용어로 이해하기 쉽게 설명되어 있다는 점이다. 비록 그 책이 더 이상 출판되지는 않지만, 아마존과 같은 중고서적 사이트에서 쉽게 찾을 수 있다. 그 자료를 사용하려면 학생들에게 과학 개념을 제시하기 전에 교사가 먼저 그것을 이해하는 것이 중요하다. 교육자로서, 우리는 잘못된 해석으로 인해 중요한 과학 개념에 대한 오개념을 발달시키지는 않는지 확인해야 한다. 초등학교 STEM 교육자들은 과학 '전문가'가 될 필요는 없지만, 그에 대한 식견을 갖출 필요는 있다. 과학 부전공자인 나조차도 처음으로 4학년을 가르칠 때, 자기와 전기 뒤에 감추어진 과학에 친숙해질 필요가 있었다. 우리 모두는 평생 학습자이다.

수업 개요와 개별 자료들은 단원 계획 다음에 제시하게 된다. 나는 보통 책, 웹사이트, 현장 학습, 프로젝트, 노래, 시, 게임, 사람, 예술 작품 등을 포함시킨다. 먼저 다루게 될 과학 개념을 인터넷에서 깊이 조사하는 것으로 시작하라. 규준과 선택된 개념 때문에 초점이 명확해졌기 때문에 내용과 계열을 쓸 때 수행한 예비 조사와는 성격이 다르다. 한 곳에서 모든 가능한 사이트를 기록해두려면 단원별 즐겨찾기를 만든다. 너무 많은 사이트를 즐겨찾기 해놓는 것에 대해서는 염려하지 마라. 나중에 그 목록을 편집할 수 있다. 더 중요한 것은 선택할 목록을 만드는 것이다. 조사하는 동안, 나는 가능한 한 많은 자료를 보기 위해 다양한 방식으로 개념과 주제를 넣어 본다. 시간을 절약하기 위해 목록화된 모든 것을 점검하지는 않는다. 나는 '연습문제지'나 인지적 참여가 낮은 사이트는 피하고, 대신 아동 중심의 교육을 존중하는 유명한 기관을 찾는다. 예를 들어, '날씨'를 검색한다면, '아이들을 위한', '상호작용 학습', '비디오', '멀티미디어'와 같은 검색어를 추가한다. 또한 아마존, 학교 도서관, 학습자를 참여시키는 자료를 소장하고 있는 공공도서관을 찾아 확인한다. 선택된 자료 각각을 10주 단위에 포함된 교과에 각각 분류해 넣는다. 브레인스토밍 규칙을 적용한다. 모든 것은 기록된다. 아이디어는 이후 단계에서 줄이거나 확장할 수 있다. 그 단원을 가르치고 평가하는 데 필요한 정보가 한 곳에 있도록 하이퍼링크를 포함하고 있는지 확인하도록 한다. 틀림없이 이 단계는 시간이 오래 걸린다. 하지만 분명히 가치 있는 시간이다. 내가 개발한 가장 힘 있는 수업 몇 개는 이 단계에서 발견된 자료를 중심으로 구성되었다. 교수 설계과정의 이 시점에서는 세부적인 수업 계획안을 만들 필요가 없다. 하지만 각 수업이 목표와 얼마나 잘 어울려지는지 이해하는 것은 중요하다. 선택된 규준과 개념 숙달을 평가하기 위해 통합되고 상호작용적인 총괄평가가 계획된다. 비록 형성평가를 보통 단원 계획에 써놓지는 않지만, 그것이 학습을 안내하고 이해를 극대화하도록 돕는 데 계속해서 사용된다.

간학문적 STEM 교수법은 헌신적인 교사의 수고가 바탕이 된다. 일단 설계와 실행 과정이 익숙해지고 학생의 성취도와 참여도를 보게 되면, 연결되지 않고 분절적이며 활기 없는 교육과정으로 되돌아갈 수 없게 될 것이다. 나 자신을 힘들게 하지 않기 위해 나는 한 해가 시작되기 전에 보통 영역과 계열, 그리고 처음 10주 분량의 내용을 준비한다. 처음 단원이 마칠 때 즈음에, 나는 두 번째 10주 분량의 단원을 설계하기 시작한다. 일단 한번 그 과정을 수행하고 나면, 그 다음은 더 쉬워진다. 첫 단원이 이후 10주 계획의 템플릿이 되는 것이다. 간단히 말하면, 복사하기-붙여넣기-복사하기-붙여넣기… 저장하기가 되는 것이다.

다음 10주 분량의 단원은 학생들과 내가 좋아하는 것이다. '설명하여 봅시다(Describe It)'는 한 해를 시작하는 놀라운 방식이다. 그것은 팀을 구성해가는 경험을 통해 공동체 의식을 형성하고, 참여활동을 통해 학습에 대한 흥미를 촉진한다. 큰 그림을 볼 때, 간학문적 STEM은 흥미를 끌어 성취도를 높여준다.

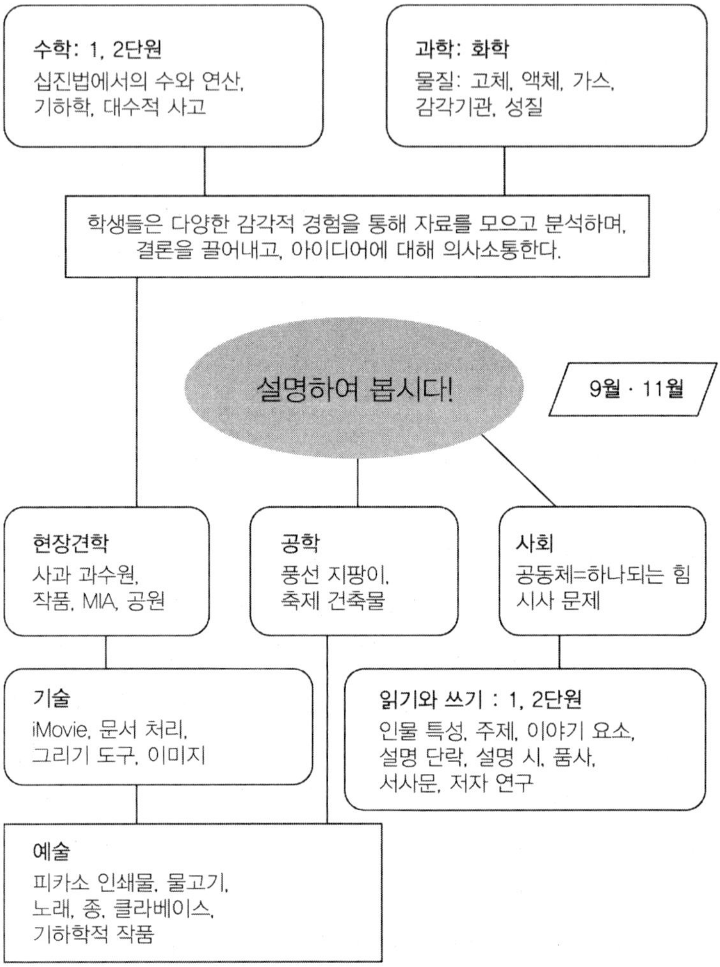
수학: 1, 2단원
십진법에서의 수와 연산,
기하학, 대수적 사고
과학: 화학
물질: 고체, 액체, 가스,
감각기관, 성질
학생들은 다양한 감각적 경험을 통해 자료를 모으고 분석하며,
결론을 끌어내고, 아이디어에 대해 의사소통한다.
설명하여 봅시다!
9월 · 11월
현장견학
사과 과수원,
작품, MIA, 공원
공학
풍선 지팡이,
축제 건축물
사회
공동체=하나되는 힘
시사 문제
기술
iMovie, 문서 처리,
그리기 도구, 이미지
읽기와 쓰기 : 1, 2단원
인물 특성, 주제, 이야기 요소,
설명 단락, 설명 시, 품사,
서사문, 저자 연구
예술
피카소 인쇄물, 물고기,
노래, 종, 클라베이스,
기하학적 작품

설명하여 봅시다!

"2학년"

✔ **9월~11월**

만약 감각 중 하나를 포기해야만 한다면 어떤 감각을 포기하겠습니까?
이 감각을 잃는 것은 자신의 경험에 어떤 영향을 미칠까요?

과학

• 규준

2. 물리학	1. 물질	1. 사물은 그것이 만들어지는 재료와 물리적 성질로 설명된다.	2.2.1.1.1	사물을 색깔, 크기, 모양, 무게, 질감, 유연성, 강도, 재료의 종류로 설명하여라.
		2. 재료의 물리적 성질은 변할 수 있지만, 모든 물질이 그것에 가해진 것에 대해 똑같은 방식으로 반응하는 것은 아니다.	2.2.1.2.1	물이 고체 또는 액체로 바뀔 수 있으며 다른 상태로 변할 수 있다는 것을 관찰하고, 기록하고, 알아보아라.

1. 과학과 공학의 본질	1. 과학의 실행	2. 과학적 탐구는 자연 세계에 대한 질문을 제기하고 현상을 조사하는 데 사용되는 여러 가지 접근 방법을 통합하는 상호 과정의 집합이다.	2.1.1.2.1	사물과 상호작용할 때 무슨 일이 일어나는지 주목하고, 그에 대한 답을 다른 사람들과 공유함으로써, 자연 세계에 대해 의문을 제기하고 주의 깊은 관찰을 통해 답을 찾아라.

- **개념**
  - 과학은 질문을 하고 답을 찾는 것이다.
  - 누구나 과학자가 될 수 있다.
  - 성질은 측정할 수 있는 것, 즉 사실의 관찰이다.
  - 성질은 일반적인 특성/속성을 사용한다.
  - 의견은 가치나 판단을 이용한 관찰이다.
  - 관찰은 모든 감각을 사용하여 만들어진다.
  - 물질은 질량을 가지고 공간을 차지한다.
    - 고체: 모양을 바꾸지 않고, 분자가 매우 가까이 있다.
    - 액체: 용기 모양에 따라 형태가 변하고, 습기가 있으며, 분자가 가까이 있지 않다.
    - 기체: 용기 모양에 따라 형태가 변하고, 액체 안에 기포 형태로 존재하기도 하며, 분자는 멀리 떨어져 있다.

- **활동**

<u>과학은 무엇인가? 과학자는 누구인가?</u> 협력그룹에서 학생들은 과학과 과학자를 정의하고, 그 답을 뒷받침하기 위해 증거를 찾고 결과물을 제시하게 된다.

<u>성질 탐구</u>: 협력그룹에서 학생들은 하나의 성질을 설명할 공예품을 수집하고, 다른 그룹의 수집품을 확인하고 대답을 정하는 데 사용된 감각을 설명할 것이다.

<u>물질 분류</u>: 학생들은 다양한 물질을 고체, 액체, 기체로 분류할 것이다.

- **실험: 탐구 중심**
- **시각:** 주문, 초점, 화학 반응, 발자국, BTB[1]), 눈
- **촉각:** 면도크림, Oobleck[2]), 의문의 가방들, 점액

- **미각:** 젤리/레몬에이드, 아이스크림
- **청각:** 블랙박스, 사운드 빙고
- **후각:** 이상한 냄새들
- **읽기 쓰기와 과학의 연계:** Bubble, Bubble, Matter Chatter Rap[3)]
- **기술 파생 상품:** Senses Bubbles Poem, Matter Chatter iMovie

- **평가:** Gum 수행 평가, 지필 평가

	과학적인 방법	의사소통	자료	결론
4	학생들은 과학적인 방법을 따랐으며, 다른 사람들이 반복 가능한 탐구를 하기 위한 모든 부분 또는 필요한 단계를 가진다.	학생들이 과학적인 개념과 과정들을 이해한다는 것을 보여준다. 학생들은 때에 따라서 그림, 표, 다이어그램으로 자신들의 생각을 나타낸다.	수집된 자료는 문제에 답을 하는 데 중요하다. 필요에 따라 많은 시도들을 한다. 자료는 명확하고, 깔끔하고, 완벽한 형태로 제시된다.	결론이 원래 문제에 대한 답이다. 학생들은 답을 뒷받침하기 위하여 수집한 자료를 사용한다. 실세계와의 관련성이 이루어지고 다른 질문이 생성된다.
3	학생들은 과학적인 방법을 따르지만, 사소한 부분 혹은 단계를 놓칠 수도 있다. 혹은 과학적인 방법의 어떤 한 부분이나 단계가 명확하지 않을 수도 있다.	학생들이 과학적인 개념과 과정들을 이해한다는 것을 보여줄 수는 있지만, 자신들의 사고는 이치에 맞지 않을 수도 있으며 일부 자세한 것들을 빠뜨릴 수도 있다.	수집된 자료는 문제에 답을 하는 데 중요하지만, 정돈되지 않거나 명확하지 않다. 또는 충분한 자료가 수집되지 않았다.	결론이 원래 문제에 답을 해주지만, 답이 수집된 자료에 의해 지지받지 못한다. 연결성이나 다른 문제제기가 일어나지 않는다.

---

1) ph의 변화에 따라 색이 달라지는 지시약

2) 감자나 옥수수 전분을 물과 색소 등을 섞어 만든 것으로, 액체처럼 보이지만 압력을 가하면 순간적으로 고체가 되는 액체와 고체의 중간상태에 해당하는 것

3) 고체, 액체, 기체 상태에 관한 동요

2	학생들은 어떤 단계를 따랐지만, 어떤 부분이나 단계를 빠뜨릴 수 있으며, 혹은 그 방법이 명확하지 않을 수도 있다.	학생들이 대부분의 과학적 개념과 과정들을 이해한다는 것을 보여줄 수 있지만, 자신들의 사고는 이치에 맞지 않을 수도 있으며 일부 자세한 것들을 빠뜨릴 수도 있다.	자료를 수집하였으나, 정돈되지 않거나 명확하지 않거나, 혹은 문제에 답하는 데 그다지 중요하지 않다. 혹은 충분한 자료 수집이 이루어지지 않았다.	결론이 완전하지 않고 수집된 자료를 활용하지 않는다. 연결성이나 문제제기가 일어나지 않는다.
1	과학적인 방법, 단계, 혹은 부분들의 증거가 없다.	학생들이 과학적인 개념과 과정을 이해하고 있다는 것을 보여주지 못한다. 낱말, 표, 그림 등은 주어진 문제와 관련되어 있지 않다.	학생들이 자료를 수집하지 않았거나 거의 수집하지 않았다.	결론이 원래 문제의 답이 되지 못하며 수집된 자료를 사용하지 않는다. 연결성이나 문제제기가 일어나지 않는다.

과학 평가 – 교사용

수학: 1, 2단원

• 규준

대수적 사고

덧셈 및 뺄셈과 관련된 문제를 표현하고 해결하기

2.OA.1. 덧셈과 뺄셈을 이용하여 100 이하의 범위에서 모든 위치에 미지수를 가지고 있는, 합병, 첨가, 제거, 비교 상황을 포함하는 1단계 또는 2단계의 문장제 문제를 해결한다.

2.OA.2. 암산전략을 사용하여 20보다 작은 덧셈과 뺄셈을 능숙하게 한다. 2학년 말에 2개의 한 자리수 합을 잘 알 수 있다.

십진법에서의 수와 연산

자릿값을 이해한다.

2.NBT.1. 백, 십, 일의 양을 나타내는 세 자리 수의 세 자리를 이해한다. 덧셈과 뺄셈을 하기 위해 자릿값에 대한 이해와 연산의 성질을 이용한다.

2.NBT.5. 자릿값, 연산의 성질, 그리고 덧셈과 뺄셈 사이의 관계에 기초한 전략을 사용하여 100보다 작은 수들의 덧셈과 뺄셈을 능숙하게 한다.

기하학

도형과 그들의 속성 추론

2.G.1. 주어진 수만큼의 각과 주어진 수만큼의 면과 같이, 특정된 속성을 가지는 도형을 인식하고 그려본다. 삼각형, 사각형, 오각형, 육각형, 정육면체를 확인한다.

2.G.2. 같은 크기의 정사각형으로 행과 열을 따라 직사각형을 분할하고, 그 각각의 수를 센다.

2.G.3. 원과 직사각형을 2, 3, 4개의 같은 모양으로 나눈다. 그리고 모든 것을 이등분, 삼등분, 사등분으로 나누고 절반, 삼분, 절반의, 삼분의 같은 낱말을 사용하여 모양을 그린다.

- 문헌 꾸러미

Two of Everything(K)	Money Poem
Ten for Me(L)	Counting on Frank(M)
What's New at the Zoo?(M)	What's the Difference?(Q)

- 기술 꾸러미: 다각형 모자 패션 쇼 iMovie, Money Poem iMovie, 워드 프로세서(다각형의 성질)
- 예술: 대칭 예술, 패턴 블록, 다각형 예술, 마법의 냄비 책

• 평가: 단위평가 목적, 형성 평가

4	3	2	1
항상 그렇다 정돈된 완벽한 옳은 수월 수준	**대부분 그렇다** 정돈된 완벽한 옳은 만족 수준	**가끔 그렇다** 정돈된 완벽한 옳은 부분 만족 수준	**거의 그렇지 않다** 정돈된 완벽한 옳은 수준 미달

평가에 사용되는 서술적 평정척도 규준

읽기와 쓰기: 1, 2단원

• 규준

문학

핵심 아이디어와 세부 사항

RL.2.3. 이야기에서 등장인물이 주요 사건과 도전에 어떻게 반응하는지 설명한다.

기술과 구조

RL.2.4. 단어와 숙어(예를 들면, 규칙적인 박자, 두문법, 운율, 반복된 표현)들이 이야기, 시, 혹은 노래 속에서 리듬과 의미를 어떻게 제공하는지를 설명한다.

RL.2.5. 어떻게 이야기를 시작하고 행동을 결정하는지에 대한 설명을 포함하는 이야기의 전체적 구조를 설명한다.

RL.2.6. 대사를 소리 내어 읽을 때 각 등장인물의 목소리를 다르게 내는 것을 포함하여 등장인물의 관점 차이를 인정한다.

지식과 아이디어의 통합

RL.2.7. 등장인물, 배경, 구성의 이해를 보여주기 위해 인쇄물이나 디지털 문서의 삽화와 단어에서 얻은 정보를 사용한다.

말하기와 듣기

이해와 협력

SL.2.1. 크고 작은 그룹에서 동료 및 어른들과 2학년 주제 및 텍스트에 관해 다양한 파트너와 협력하는 대화에 참여한다.

SL.2.2. 구두, 또는 다른 매체로 제시된 정보를 차례대로 이야기하기, 핵심 아이디어를 설명하거나 혹은 텍스트의 자세한 내용을 큰 소리로 읽는다.

SL.2.3. 명확한 이해를 위해, 추가적인 정보를 모으기 위해, 혹은 어떤 주제나 문제에 대한 이해를 깊게 하기 위해 화자가 말한 것에 대한 질문을 하고 답을 한다.

지식과 아이디어의 제시

SL.2.5. 이야기 또는 시에 관한 기록을 녹음한다. 이야기에 시각적 표현들을 추가하거나 또는 아이디어, 생각, 감정 등을 언제 명확하게 하는 것이 적절한가에 관한 경험을 차례로 이야기한다.

쓰기

텍스트의 유형과 목적

W.2.1. 자신들이 쓰고 있는 주제를 소개하는 의견을 적고, 의견을 진술하고, 의견을 뒷받침하는 이유를 제시하고, 의견과 이유를 연결할 접속사를 쓰며, 끝맺는 문장이나 부분을 제시한다.

W.2.2. 주제를 소개하기 위해 유용한 정보를 주는 설명식의 텍스트를 쓰고, 요점을 전개하기 위해 사실과 정의를 사용하며, 끝맺는 문장이나 부분을 제공한다.

W.2.3. 학생들이 행동과 생각, 느낌을 설명하기 위해 세부사항을 포함하고 있는 사건을 이야기하고, 사건의 순서를 나타내기 위해

시간과 관련된 단어를 사용하며, 종결되었다는 것을 느낄 수 있도록 필요한 내용을 제시한다.

W.2.5. 어른들과 동료들의 안내와 도움을 받아, 어떤 주제에 초점을 두고 필요에 따라 수정과 편집을 함으로써 쓰기를 강화한다.
W.2.6. 동료들과 협동하는 것을 포함하여 어른들의 안내와 도움을 받아, 쓴 글을 제작하고 출판하기 위한 다양한 디지털 도구를 사용한다.

언어

언어에 대한 지식
L.2.3. 쓰고, 말하고, 읽고, 들을 때 합의된 약속을 사용한다.
L.2.5. 비유적으로 쓰이는 언어, 단어들의 관계와 발음에 관한 이해를 보여준다.
L.2.6. 형용사, 부사를 사용하여 무언가를 기술하는 것을 포함하여, 대화, 읽기, 다른 사람에게 내 글을 읽게 하기, 글에 반응하기 등을 통해 알게 된 단어와 구절을 사용한다.

- **언어:** Pizza Pat (E) - 형용사가 훌륭하게 사용된 글
- **시:** Nathaniel's Rap, Fish Family iMovie, Fish iMovie, Money Poem iMovie
- **쓰기:** 짧은 물고기 설명문, 피카소의 그림과 시

	책 제목	주제	캐릭터
(K)	Me First	인내	저돌적인, 참을성 없는
(L)	Big Al	황금률	수줍은, 서툰
(L)	Chester Way	황금률	독창적인, 독특한
(M)	Lily's Purple Plastic Purse	존중과 경청	고집스러운, 사랑스러운
(M)	Chrysanthemum	황금률	슬픈, 행복한

(M)	Hooway for Wodney Wat	황금률	슬픈, 으스대는
(M)	Salt in His Shoes	끈기	끈질긴
(P)	Babushka's Doll	존중과 경청	건방진
(M)	Balto	끈기	용감한
(O)	Owl Moon	복이 온다	과학자

- **기술 결합:** 문서 작성(피카소 초상화 오행시, 짧은 물고기 설명문), iMovie(Fish, Puppy, Matter Chatter)
- **평가**

  좋아하는 포스터, 물고기 글쓰기, 설명문, 개인의 내러티브

사회

- **규준**

지리	1. 위치의 개념	1. 사람들은 공간적 정보를 조직하기 위해 장소의 인식도를 발달시킨다.	2.3.1.1.1	읽은 이야기책으로부터 얻은 특별한 정보를 보여주기 위해 약도를 만들고 사용한다.
정부와 시민권	3. 규칙	1. 정부, 지역사회, 가정은 특수한 목적을 위한 규칙을 가진다.	2.5.3.1.1	국가 안에서 규칙과 법은 공정하게 적용되지만 가정의 규칙은 학교와 지역사회의 규칙과는 다를 수 있음을 설명한다.
정부와 시민권	4. 행정제도	1. 정부는 기본적인 기능을 가진다.	2.5.4.1.1	정부의 목적을 설명하고, 정부의 다른 기능들을 확인한다.

- **활동:** 아침 회의 노래

  하나되는 힘 = 공동체, 핸드벨과 클라베이스
- **평가:** 아침 회의, 과제 수행 시간, 숙제 완성

과학이란 무엇인가? 과학자는 누구인가?

학년 수준: 유치원~성인

개요: 학생들의 연령에 상관없이 항상 새 학년을 이 수업으로 시작한다. 사용하게 될 어휘를 명확하게 정립하는 것 외에도, 이 수업은 한 해의 과학 수업의 목적을 설정하게 해준다. 나는 매년 간단히 조정하여 적용한다.

규준

- 과학: 2.1.1.2.1
- 읽기와 쓰기: SL.4.4, W.4.1

수업 도구

- 격자무늬 나무 판, 차트, 용지
- 마커/크레파스/색연필

과정: 질문하기

- 과학이란 무엇인가?
- 과학자들이 하는 일은 무엇인가?
- 과학자를 어떻게 생각하는가?

몇몇 반응을 기록한 뒤 학생들로 하여금 모둠으로 질문에 대한 답을 쓰거나 그림으로 표현하게 한다.

각 모둠별로 알아낸 것을 학급 전체 앞에서 발표하게 한다. 과학과 과학자의 정의에 대해 합의한다.

내가 가르치는 학급에서는 보통 다음의 정의를 사용한다.

> 과학은 질문을 하고 답을 찾는 것이다.
> 질문을 제기하는 사람은 누구나 과학자가 될 수 있다.

교사 준비: 자료를 수집한다.

다음 질문들은 탐구를 안내하게 될 것이다.

질문: 과학은 무엇인가? 과학자들이 하는 일은 무엇인가? 과학자를 어떻게 생각하는가?

가설:

자료: 학생들은 여러 차례 제기되는 주제를 기록한다. 학급 전체가 관찰한 것과 결론을 토의한다.

결론: 학생들로 하여금 처음 질문에 답하게 하고, 자신들이 생각한 바를 증거나 다른 관찰 사실을 가지고 설명하거나 뒷받침하게 한다.

추가적인 예시 질문들

왜 이 활동이 과학인지 설명하여라.

이 활동과 관련하여 쉬웠던 점과 어려웠던 점에 대하여 설명하여라.

이 활동에서 주목했던 것 또는 여전히 궁금한 것에 대해 설명하여라.

학급의 모든 학생들이 과학 또는 과학자에 대해 같은 정의에 도달했는지 설명해보아라.

평가

과학이 무엇이고, 과학자가 하는 일이 무엇인지 학생들이 자신의 언어로 설명할 수 있는가?

학생들은 협력하여 모둠별 포스터를 제작할 수 있는가?

학생들은 모둠이 발견한 내용을 발표할 때 참여하는가?

학생들의 활동(과학 탐구 및 쓰기)이 규준의 숙달을 보여주는가?

적용

모둠은 발견한 내용을 서로 다른 양식, 즉 노래, 움직임, 시, 컴퓨터 활용, 쓰기 등으로 발표할 수 있다.

고학년에게는 모둠별로 과학의 다양한 영역(동물학, 곤충학, 고고학 등)에 대한 정의를 세워보도록 한다. (학생들이 제시한 정의가 재미있을 수 있다.)

젤리/레모네이드

학년 수준: 유치원~성인

개요: 이 실험은 2~8학년 학생을 대상으로 한 것이다. 이것은 최고의 실험이었다! 대상 학생들 모두 미각보다 시각을 사용하였다. 레모네이드를 사용하면 이처럼 놀라운 결과를 얻을 수 있다.

규준

- 과학: 2.1.1.2.1
- 읽기와 쓰기: SL.4.1;SL.4.3; SL.4.4, W.4.1

실험 재료

- 레몬향 젤리 또는 레모네이드
- 식용 색소
- 젤리 시식을 위한 종이컵

교사 준비

1. 젤리 또는 레모네이드 음료 제조하기
2. 네 가지 다른 색을 만들기 위해 색소 첨가하기
3. 시식을 위해 종이컵에 각 샘플을 소량 덜기

실험 절차

실험에 참여한 학생들이 샘플 맛을 예측하고 그 이유를 설명한다.

다음 질문이 탐구를 안내할 수 있을 것이다.

질문: 미각을 사용하여 젤리 맛을 구분할 수 있는가?

가설:

자료

색깔	예상 맛	실제 맛
빨강		
초록		
파랑		
주황		

결론: 학생들로 하여금 처음 질문에 답하게 하고, 예상한 것이 바뀐 이유 또는 바뀌지 않은 이유, 그리고 다른 관찰 내용이나 궁금한 점들을 설명하게 한다.

반성: 학생들의 예측과 실제 맛의 결과는 결코 바뀌지 않는다. 몇몇 학생들은 모든 샘플 맛이 다 똑같다고 말하면서도 여전히 맛에 대해 이미 예측한 것을 바꾸지는 않는다.

추가적인 질문들

- 어떤 감각이 젤리 맛을 구분하는 데 실질적으로 도움이 되었나요?
- 이 실험에서 쉬웠던 점과 어려웠던 점이 무엇이었는지 설명해보세요.
- 오늘 사용한 기술들이 실생활에서 어떤 도움이 될까요?

평가

- 학생들은 자신이 발견한 것을 설명할 수 있는가?
- 학생들은 알맞은 철자, 문법, 구두법을 사용하여 완전한 문장으로 쓸 수 있는가?
- 학생들의 수행은 관련 규준의 숙달을 보여주는가?

적용

- 학생들로 하여금 사탕제조사, 요리사, 소비자에게 색깔이 가지는 의미를 설명하게 한다.
- 학생들로 하여금 자신만의 색깔로 젤리 또는 레모네이드를 만들게 한다.
- 학생들로 하여금 자신이 만든 새로운 색깔 또는 맛을 가진 젤리를 광고하게 한다.

호커스/포커스

학년 수준: 유치원~성인

규준

- 과학: 2.1.1.2.1
- 읽기와 쓰기: SL.4.1;SL.4.3; SL.4.4, W.4.1

개요: 이 실험은 2학년, 8학년 학생을 대상으로 한다. 기본적으로 초점 슬라이드를 가지고 시작하는데, 학생들로 하여금 각 슬라이드의 색깔, 모양, 질감, 이전의 경험으로부터 각각의 슬라이드가 무엇인지 추론하도록 한다.

실험 재료

- 자료를 기록할 차트지
- 슬라이드 영사기
- 슬라이드 5-10장

교사 준비

서로 다른 초점을 사전 점검하기

실험 절차: 슬라이드 초점을 아주 흐리게 해서 시작한다. 그러고 나서,

1. 학생들로 하여금 슬라이드가 무엇이라고 생각하는지 추측해 보게 한다.
2. 몇몇 학생들로 하여금 화면 앞으로 나와서 왜 그렇게 추측했는지 설명하도록 한다.
3. 데이터를 기록하는 방법에 관해 시범을 보인다.
4. 슬라이드 초점을 조금씩 맞춘다. 1-3단계를 반복한다.
5. 슬라이드 초점을 완전히 맞춘다. 데이터를 기록하는 방법에 관해 시범을 보인다.
6. 필요한 만큼의 슬라이드에 대해 같은 과정을 반복한다.

다음과 같은 질문이 탐구를 안내할 수 있을 것이다.

질문: 각각의 슬라이드가 무슨 그림인지 알 수 있는가?

가설: 나는 다음과 같은 자료 차트를 사용한다.

자료

슬라이드	예상 1	예상 2	실제
1			
2			
3			
4			

귀여운 꼬마 이야기: 어느 해에 한 학생이 물었다. "선생님은 어떻게 그것을 그렇게 흐릿하지 않게 만들 수 있는 거예요?"

결론: 학생으로 하여금 처음 질문에 대답하고, 근거와 관찰한 사실과 의아한 점 등을 바탕으로 자신들이 생각한 바를 설명하고 뒷받침하게 한다.

추가적인 예시 질문들

- 슬라이드가 무엇인지 어떻게 생각해내었나요? (모양, 크기, 위치, 색, 질감, …)
- 이것이 쉬운지 어려운지 설명해보세요.
- 오늘 배운 능력이 실생활에서 어떻게 도움을 줄까요?

평가

- 학생들은 자신이 발견한 것을 설명할 수 있는가?
- 학생들은 정확한 철자, 문법, 그리고 구두법을 사용할 수 있는가?
- 학생들은 규준에 숙달된 모습을 보여주는가?

적용

- 어린 학생들에게는 슬라이드를 더 적게 사용한다.
- 학생들이 피카소 그림을 살피도록 한다. 그리고 독창적인 피카소 초상화를 그려보게 한다.

성질 조사

학년 수준: 유치원~성인

규준

- 과학: 2.1.1.2.1
- 읽기와 쓰기: SL.4.1; SL,4.3; SL.4.4, W.4.1

개요: 학생들에게 성질과 의견의 차이점을 가르치는 것이다.

반성: 나는 항상 이 실험 과정을 건너뛰고 싶은 유혹을 받는다. 하지만 그러면 다시 돌아가서 그것을 가르쳐야 한다는 것을 알게 된다.

실험 절차

1. 학생들에게 여러 가지 다른 성질을 가진 물체들을 보여준다.
2. 학생들은 한 가지 공통된 성질이 무엇인지 이야기를 나눈다.
3. 교사가 성질과 의견의 차이점을 구분지어 설명한다.
4. 학생들이 특정 범주(예: 파란색, 부드러운, 투명한)에 해당하는 물건을 찾는다.
5. 학생들로 하여금 각 그룹에 속하는 물건들의 성질에 이름을 붙이게 한다. 한 물체가 어떻게 하나 이상의 특성으로 분류되는지 토의한다.

실험 재료

그룹별 한 가지 성질에 관한 종이 조각

교사 준비

필요한 자료 모으기

수업을 안내하기 위해 다음과 같은 질문을 사용한다.

질문: 각 그룹의 성질을 구분할 수 있는가?

가설:

자료

1.	4.
2.	5.
3.	6.

결론: 학생들로 하여금 처음 질문에 답하고, 각 물건에 그런 이름을 붙이게 된 이유를 설명하게 한 후, 그들이 관찰한 다른 사실들이나 궁금한 점들을 설명하게 한다.

추가적인 질문들

- '예쁘다'라는 것이 과학적 성질인지 설명해보세요.
- 이 활동이 왜 과학인지 설명해보세요.
- 이 활동에서 쉬운 점과 어려운 점을 설명해보세요.
- 오늘 사용한 기술이 실생활에 어떻게 도움이 될까요?

평가

- 자신들이 발견한 것을 설명할 수 있는가?
- 알맞은 철자, 문법, 구두법을 사용하여 완전한 문장으로 쓸 수 있는가?
- 학생들이 규준의 숙달을 보여주는가?

적용

- 학생들로 하여금 물건들을 분류할 성질을 선택하게 한다.
- 학생들로 하여금 다른 학급 학생들을 평가하게 한다.
- 학생들로 하여금 모은 물건들을 가지고 실물 크기의 벤 다이어그램을 만들어보게 한다.

눈

학년 수준: 2단계(K-8 적용)

개요: 결정체를 관찰하고 물을 더하면 어떤 일이 발생할지 예측한다. 이 수업은 과학적 사고와 물체의 통합 단원 사이에 해당한다.

규준

- 과학: 2.1.1.2.1; 2.2.1.1.1.; 2.2.1.2.1
- 국어: W.2.1; W.2.8; SL.2.1; SL.2.3

실험 재료:

- Instant Snow : Steve Spangler Science http://www.stevespanglerscience.com/product/instanrsnow
- 모둠별 용기 1개
- 용량이 표시된 물컵 1개
- 오래된 마커펜들

교사 준비

- 눈 주문하기
- 지급할 물품 모아두기

실험 절차

학생들로 하여금 결정체를 관찰하도록 하면서 수업을 시작한다.

학생들로 하여금 자신이 관찰한 사실을 증거를 가지고 뒷받침하도록 한다.

다음과 같은 질문은 다음 단계의 탐구를 안내할 수 있을 것이다.

질문: 결정체와 물을 섞으면 어떤 일이 일어날까?

가설: 학생들에게 써보도록 한다.

자료: 학생들에게 적어도 다섯 가지 관찰한 사실을 작성하도록 한다.

색을 더한 후 실험을 한 번 더

하도록 한다.

질문: 물에 색깔이 더해지면 어떤 일이 일어날까?

오래된 마커를 사용하는 좋은 방법-물을 측량하여 붓고 마커로 물을 젓는다.

결론: 학생들에게 처음 질문에 답하도록 하고, 생각한 것, 그들이 관찰한 다른 사실들이나 궁금한 점들을 설명하게 한다.

결론을 끌어내는 추가적인 질문들

- 물에 어떤 일이 일어났나요?
- 발견하는 데 가장 유용했던 감각은 무엇인가요?
- 어떤 점이 놀라웠나요?
- 이 실험이 물질 상태를 어떻게 보여주는지 설명해보세요.
- 이 외에 알게 된 중요한 점을 설명해보세요.

평가

- 관찰한 내용을 정확하게 기록할 수 있는가?
- 모둠 토의에 적극적으로 참여하는가?
- 증거를 가지고 자신의 생각을 뒷받침할 수 있는가?
- 학생들이 규준의 숙달을 보여주는가?

적용/확장

- 점점 더 커지는 결정체를 만들어보아라.
- 다양한 결정체를 활용하고 혼합물에 대하여 '눈'의 결과와 비교하여라.
- 아이스크림, 버터를 만들고 물질 상태를 '눈' 결정체와 비교하여라.
- 《Seven Eggs》(Meredith Hooper)를 읽어라. 예측에 큰 도움이 된다.

다음은 4학년을 위해 고안한 구조공학 1단원이다.

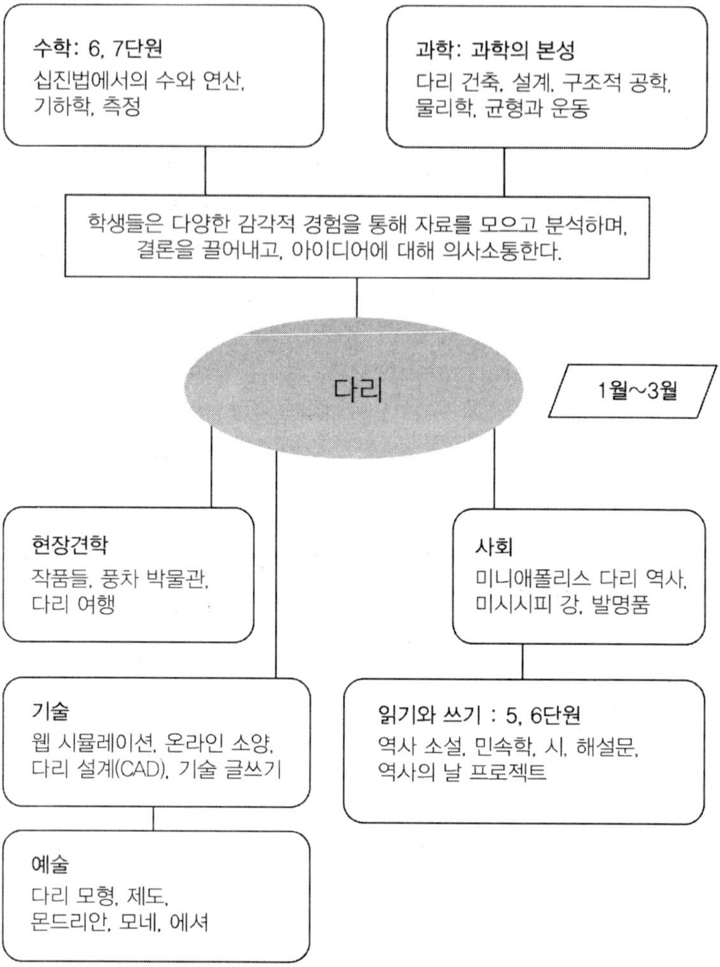

다리

"4-6학년"

어떻게 강을 건널 수 있을까?

'다리'는 초등학교 고학년들을 위한 10주 분량의 간학문적 STEM 교수 단원이다. 이 단원은 다리의 과학뿐만 아니라 '다리' 자체 개념에도 초점을 맞추고 있다. 하나의 다리는 시간, 장소, 문화 또는 사람 등과 포괄적으로 관련되어 있다. 간학문적, 규준 기반 교수의 가능성은 끝이 없다.

과학

• 규준

1. 과학과 공학의 본질	2. 공학의 실행	1. 공학자들은 사회를 개선하고 인류를 더 생산적으로 만드는 구조, 과정, 체계를 고안하고 창조하고 발달시킨다.	4.1.2.1.1	공학적 상품과 서비스를 점점 더 많이 만들고 사용함에 따라서 설계된 세계가 자연계에 대하여 가지는 긍정적이고 부정적인 영향을 설명한다.
		2. 공학적 설계는 문제를 확인하고 다방면의 해결책을 발달시키고 가장 가능성이 높은 해결책을 고르며 결과를 생산하는 과정이다.	4.1.2.2.1	설계 해법을 확인하고 조사한다. 그것이 어떻게 일상의 문제를 해결하는 데 사용되는지 설명한다.
			4.1.2.2.2	공학적인 설계를 통한 문제해결을 위해 아이디어와 발생 가능한 제약을 만들어본다.
			4.1.2.2.3	공학적 해법의 장점과 단점을 고려하여 해결책을 검사하고 평가하고, 결과를 효과적으로 전달한다.

	3. 과학, 기술, 공학, 수학, 사회 사이의 상호작용	3. 개발되고 사용되는 기술의 영향에 대한 사회의 요구	4.1.3.3.1	하나의 발명이 다른 발명으로 이어지는 상황을 설명한다.

- **개념**: 건축학, 구조 공학
  - 네 가지 기본 다리 유형: 형교, 트러스교, 아치교, 현수교
  - load = 하중

    dead load = 고정 하중

    live load = 변동 하중
  - 하중은 구조에 작용하는 두 가지 중요한 힘인 압축과 장력을 만들어낸다.

    압축 = 함께 = 〉 〈

    장력 = 따로 = 〈 〉
  - 안정된 구조는 압축과 장력이 완전한 균형을 이루고 있다(뉴턴의 제3법칙).
  - 삼각형은 가장 튼튼한 다각형이다(트러스). 이 모양은 힘을 고르게 분산한다.
  - 아치형 또한 튼튼한 모양이다. 바깥쪽 양방향으로 하중을 고르게 분산한다. 모든 것은 동시에 고르게 밀고 당겨진다.
  - 형교는 좀처럼 250피트보다 길지 않다. 교각을 멀리 떨어뜨릴수록 다리 경간/상판(span/deck)이 더 약해진다.
  - 아치교는 800피트 길이까지 만들 수 있다.
  - 현수교는 2000~7000피트 길이까지 만들 수 있다.
  - **다리의 부분**

    deck = 상판

supports = 버팀대

span = 경간

foundation = 기초판

approach = 어프로치, 다리에 이르기까지의 공간

abutments = 지대주

piers = 교각

tower = 주탑

cables = 케이블

anchors = 앵커

hangers = 행어

- **활동들**
  - 다리란 무엇인가?

    다리를 정의하기: 사전, 용어사전, 다른 언어들, 자신의 언어로 정의하기

    다리를 그리기: 매번 새로운 다리를 그리면서 여러 번 그리기
  - 그룹 브레인스토밍

    학생들은 그룹을 지어 협동적으로 작업할 것이며, 다리를 건설하려고 할 때 답할 필요가 있는 질문을 제시하게 될 것이다.
  - 종이컵 구조

    학생들은 100개의 종이컵으로 가장 높고, 그 자체의 독립구조로 서 있는 구조를 구성하기 위해 협동하여 작업하고, 안정된 구조물을 구성하기 위해서는 밑면이 뒤보다는 더 넓어야 한다는 결론을 내린다.
  - 종이 다리

    학생들은 수집된 자료를 기반으로 결론을 끌어내면서 강도를 확인하게 될 것이다(Hard Hatting in a Geo World).

- 형교

  학생들은 수집된 자료를 기반으로 결론을 끌어내면서 다양한 형교를 제작하고 시험하기 위해 협력하여 작업하게 될 것이다 (Bridges Book).

- 아치교 대 형교

  학생들은 형교와 아치교를 제작하고 시험하기 위해 협력하여 작업할 것이다(Bridges Book).

- 트러스교

  학생들은 다양한 형교와 트러스교를 제작하고 시험하고 수집된 자료를 기반으로 결론을 도출하기 위해 협력하여 작업하게 될 것이다(Bridges Book).

- 건설 회사

  학생들은 모형 다리를 설계하고, 제작하고, 시험하기 위해 '건설 회사'를 조직하고, 이를 운영하기 위해 협력하여 작업할 것이다 (Simulation).

- 다리의 기초

  학생들은 다리 속에 감추어진 과학을 조사하고, 독서를 통해 결론을 이끌어내게 될 것이다.

  http://www.pbs.org/buildingbig/bridge/

• 과학적 평가

- 건설 회사

  학생들은 모형 다리를 설계하고 제작하기 위해 협력적으로 작업하게 될 것이다.

- 다리 도전

  학생들은 공동체의 요구를 만족하는 4개의 다리를 설계할 것이다.

	과학적인 방법	의사소통	자료	결론
4	학생들은 과학적인 방법을 따랐으며, 다른 사람들이 반복 가능한 탐구를 하기 위한 모든 부분 또는 필요한 단계를 가진다.	학생들이 과학적인 개념과 과정들을 이해한다는 것을 보여준다. 학생들은 때에 따라서 그림, 표, 다이어그램으로 자신들의 생각을 나타낸다.	수집된 자료는 문제에 답을 하는 데 중요하다. 필요에 따라 많은 시도들을 한다. 자료는 명확하고, 깔끔하고, 완벽한 형태로 제시된다.	결론이 원래 문제에 대한 답이다. 학생들은 답을 뒷받침하기 위하여 수집한 자료를 사용한다. 실세계와의 관련성이 이루어지고 다른 질문이 생성된다.
3	학생들은 과학적인 방법을 따르지만, 사소한 부분 혹은 단계를 놓칠 수도 있다. 혹은 과학적인 방법의 어떤 한 부분이나 단계가 명확하지 않을 수도 있다.	학생들이 과학적인 개념과 과정들을 이해한다는 것을 보여줄 수는 있지만, 자신들의 사고는 이치에 맞지 않을 수도 있으며 일부 자세한 것들을 빠뜨릴 수도 있다.	수집된 자료는 문제에 답을 하는 데 중요하지만, 정돈되지 않거나 명확하지 않다. 또는 충분한 자료가 수집되지 않았다.	결론이 원래 문제에 답을 해주지만, 답이 수집된 자료에 의해 지지받지 못한다. 연결성이나 다른 문제제기가 일어나지 않는다.
2	학생들은 어떤 단계를 따랐지만, 어떤 부분이나 단계를 빠뜨릴 수 있으며, 혹은 그 방법이 명확하지 않을 수도 있다.	학생들이 대부분의 과학적 개념과 과정들을 이해한다는 것을 보여줄 수 있지만, 자신들의 사고는 이치에 맞지 않을 수도 있으며 일부 자세한 것들을 빠뜨릴 수도 있다.	자료를 수집하였으나, 정돈되지 않거나 명확하지 않거나, 혹은 문제에 답하는 데 그다지 중요하지 않다. 혹은 충분한 자료 수집이 이루어지지 않았다.	결론이 완전하지 않고 수집된 자료를 활용하지 않는다. 연결성이나 문제제기가 일어나지 않는다.
1	과학적인 방법, 단계, 혹은 부분들의 증거가 없다.	학생들이 과학적인 개념과 과정을 이해하고 있다는 것을 보여주지 못한다. 낱말, 표, 그림 등은 주어진 문제와 관련되어 있지 않다.	학생들이 자료를 수집하지 않았거나 거의 수집하지 않았다.	결론이 원래 문제의 답이 되지 못하며 수집된 자료를 사용하지 않는다. 연결성이나 문제제기가 일어나지 않는다.

과학 평가 – 교사용

읽기와 쓰기

• 규준

말하기와 듣기

이해와 협력

SL.4.1. 다양한 동료들과 아이디어를 구축하고 자신의 생각을 표현하는 가운데 토의에 참여한다.

SL.4.2. 시각적으로, 양적으로, 구두로 표현하는 것을 포함하여, 다양한 매체와 형식으로 표현되는 정보나 텍스트의 일부를 소리 내어 읽으며 알기 쉽게 바꾸어 말한다.

지식과 아이디어의 제시

SL.4.4. 주요 아이디어나 주제를 뒷받침하기 위하여, 적절한 사실과 관련 있는 자세한 정보를 사용해, 이해할 수 있는 속도로 분명하게 텍스트나 주제를 보고하거나 스토리를 말하거나 조직적인 방식으로 경험들을 이야기한다.

SL.4.5. 주된 아이디어 또는 주제의 전개를 향상시키기 위해 시각적 표현이나 오디오 녹음을 추가한다.

문학

핵심 아이디어와 세부 사항

RL.4.1. 텍스트에서 추론을 이끌어낼 때와 설명할 때 자세한 정보와 예를 언급한다.

RL.4.2. 텍스트에 있는 자세한 정보로부터 이야기, 드라마, 시의 주제를 결정한다. 텍스트를 요약한다.

RL.4.3. 텍스트에 있는 구체적인 세부사항을 묘사하면서, 이야기에 나오는 인물, 배경, 사건을 깊이 있게 묘사한다.

기능과 구조

RL.4.6. 내레이션 간의 차이점을 포함하여 서로 다른 이야기들의 관점을 비교/대조한다.

지식과 아이디어의 통합

RL.4.7. 이야기나 드라마의 텍스트와 시각적 혹은 구두 프레젠테이션을 연결하되, 각 형식의 어떤 부분이 텍스트의 구체적인 설명과 방향을 반영하는지 확인한다.

정보를 제공하는 텍스트

핵심 아이디어와 세부사항

RI.4.1. 설명하거나 텍스트로부터 추론을 이끌어낼 때 텍스트에 있는 예/세부사항을 언급한다.

RI.4.2. 주요 아이디어를 결정하고, 핵심이 되는 세부사항이 그것을 어떻게 뒷받침하는지 설명한다. 텍스트를 요약한다.

RI.4.3. 역사적, 과학적, 기술적인 텍스트에 있는 사건, 절차, 아이디어, 개념들을 설명한다.

기교와 구조

RI.4.4. 텍스트에 있는 특정한 단어와 구의 이론적인 의미를 결정한다.

RI.4.5. 텍스트에 있는 사건, 아이디어, 개념 또는 정보의 전반적인 구조를 설명한다.

RI.4.6. 같은 사건에 대한 직접적인 설명과 간접적인 설명을 비교/대조한다.

지식과 아이디어의 통합

RI.4.7. 시각적으로, 구두로, 양적으로 제시된 정보를 해석하고,

정보가 텍스트를 이해하는 데 어떻게 도움이 되는지 설명한다.

쓰기

텍스트의 유형과 목적

W.4.1. 근거나 정보로 관점을 뒷받침하고 있는 토픽이나 텍스트에 대한 견해를 써본다.

W.4.2. 토픽을 조사하고, 아이디어와 정보를 정확하게 전하는 유익하고 설명적인 텍스트를 써본다.

W.4.3. 기법, 자세한 정보, 사건을 활용한 사실적인 또는 상상에 의한 경험들을 발전시키는 이야기를 써본다.

지식을 구성하고 제시하기 위한 연구

W.4.7. 토픽을 탐구하여 지식을 구성하는 연구 프로젝트를 수행한다.

- **활동**
  - 책

제목	참고 사항(Benchmark)
Invention Book	주제, 원인과 결과
African American Inventors	주제, 관련 있는 세부사항
Baseball's Hero With a Heart	결론 도출
Pop's Bridge	관점
A Street Through Time	글의 구조
Bridges Are to Cross	분류
Types of Bridges	주제
Story of the Brooklyn Bridge	계열(sequencing)
The 35W Bridge	주제
The Town That Moved	원인과 결과
The Great Bridge Building Contest	특성화
This is the House That Jack Built	글의 구조

Roy Makes A Car Weird and Wacky Inventions Twenty-One Elephants	문헌에 반응하기 추론과 평가 비교와 대조

- 시: Helicopter, Mr. Mad's Machine, Bridges Poem(Glory Oljace)
- 35W Bridge History: 학생들은 기존의 미네소타 35W 다리와 새로운 미네소타 35W 다리의 건설에 관해 조사할 것이다.
  http://www.mnhs.org/library/bridge/
  (35W 다리에 관한 영상 자료, 사실, 사진, 신문 기사)
- **읽기와 쓰기 평가**
  - 다리 유형: 학생들은 세 가지 유형의 다리들을 묘사하면서 에세이를 쓴다.
  - This is the Bridge That Jack Built Books: 학생들은 다리 제작을 설명하면서 건축에 관한 책을 만든다.
  - 다리를 만들기 위해: 모둠에서 협력하여 미네소타 다리에 대한 그림책을 만들게 될 것이다.

4	3	2	1
항상 그렇다 정돈된 완벽한 옳은 **수월 수준**	**대부분 그렇다** 정돈된 완벽한 옳은 **만족 수준**	**가끔 그렇다** 정돈된 완벽한 옳은 **부분 만족 수준**	**거의 그렇지 않다** 정돈된 완벽한 옳은 **수준 미달**

평가에 사용되는 서술적 평정척도 규준

수학

• 규준

기하학

선과 각을 그리고 확인하여 그것을 모양 특성에 따라 분류한다.

4.G.1. 점, 선, 선분, 부채꼴, 각(직각, 예각, 둔각), 수직선, 평행선을 그린다. 2차원의 모양으로 이것들을 확인한다.
4.G.2. 수평선, 수직선 또는 특정 크기의 각에 따라 2차원의 모양을 분류한다.
4.G.3. 2차원 모양과 대칭인 도형의 대칭축을 인식하고 그린다.

측정과 자료

측정과 큰 단위에서 더 작은 단위로의 변환을 포함하는 문제를 푼다.

4.MD.1. 하나의 단위 체계 내에서 측정 단위의 상대적인 크기를 안다. 측정의 단일 체계 내에서 큰 단위로 측정한 값을 작은 단위로 나타낸다. 두 줄로 된 표에 측정값을 기록한다.
4.MD.2. 분수, 소수를 포함하는 문제, 그리고 큰 단위로 주어진 측정값을 작은 단위로 나타내는 문제를 포함하여 거리, 시간 간격, 액체 부피, 질량, 화폐를 포함하고 있는 문장제 문제를 해결하기 위해 사칙연산을 사용한다.
4.MD.3. 직사각형의 넓이와 둘레 공식을 실생활 문제나 수학 문제에 적용한다.

기하학적 측정: 각의 개념을 이해하고 각을 측정한다.

4.MD.5. 각이 하나의 끝점을 공유하는 두 반직선이 이루는 기하학적 도형임을 인식하고, 각의 측정 개념을 이해한다.

4.MD.6. 각도기를 이용하여 각의 크기를 측정한다. 특정 크기의 각을 그린다.

십진법에서의 수와 연산

여러 자리로 이루어진 범자연수를 이해하기 위해 자릿값을 일반화한다.

4.NBT.1. 여러 자리 자연수에서 한 자리에 있는 숫자는 오른쪽에 위치한 숫자의 10배를 나타낸다.
4.NBT.2. 십진수, 수 이름, 확장된 형태를 이용한 여러 자리 자연수를 읽고 쓴다. 자릿값에 근거하여 여러 자리 자연수를 비교하고, 결과를 나타내기 위해 >, =, < 기호를 사용한다.
4.NBT.3. 여러 자리 자연수를 특정 자리까지 반올림하기 위해 자릿값에 대한 이해를 사용한다.

여러 자리 자연수에 대한 사칙연산을 수행하기 위해 자릿값에 대한 이해와 연산의 성질을 이용한다.

4.NBT.4. 여러 자리 자연수를 표준 알고리즘을 이용하여 자연스럽게 더하거나 뺀다.
4.NBT.5. 네 자리까지의 자연수와 한 자리 자연수를 곱하고, 두 자리 자연수끼리 곱하되, 자릿값 전략과 연산의 성질을 이용한다. 등식, 직사각형 배열, 면적 모델을 통해 계산을 나타내고 설명한다.
4.NBT.6. 피제수가 네 자리까지이고 제수가 한 자리 수인 범자연수 몫과 나머지를 구하되, 자릿값, 연산의 성질, 곱셈과 나눗셈 사이의 관계에 기초한 전략들을 이용한다. 등식, 직사각형 배열, 면적 모델을 통해 계산을 나타내고 설명한다.

- **읽기 쓰기와 수학의 연계**

The Greedy Triangle(N)

Fly on the Ceiling(L)

Spaghetti and Meatballs for All(O)

• **활동/평가**

사각형 예술, 신문 다면체, 패턴 블록 예술, 단원 시험, 종이접기 다면체, 자료 수집&분석

기술

• **규준**

1. 창의력과 혁신 학생들은 창의적인 생각을 보여주고, 지식을 구성하며, 기술을 사용하여 혁신적인 제품을 생산하는 과정을 개발한다. b. 개인 또는 그룹 표현의 수단으로 독창적인 작품을 만든다. c. 복잡한 시스템과 문제를 탐구하기 위해 모델과 시뮬레이션을 사용한다.
2. 의사소통 및 협동 학생들은 의사소통하고 협업하기 위하여 디지털 미디어 환경을 사용한다. d. 독창적인 작품을 생산하거나 문제를 해결하기 위해 프로젝트 팀에 기여한다.
3. 연구와 정보 유창성 학생들은 정보를 수집하고, 평가하고, 사용하기 위해 디지털 도구를 활용한다. b. 다양한 매체의 정보를 정리, 분석, 평가, 종합하고, 특히 윤리적으로 사용한다.
4. 비판적 사고, 문제해결, 의사결정 학생들은 비판적 사고능력을 사용하여 연구를 계획하고 수행하며, 상품을 관리하고, 문제를 해결하며, 적절한 디지털 도구와 자원을 사용하여 결정을 내린다. a. 탐구를 위한 진정한 문제와 유의미한 질문을 확인하고 규정한다. c. 문제해결을 위해 데이터를 수집하고 분석하여 결정을 내린다.

사회

• 규준

학생은 공부하고 있는 대륙의 기본적인 물리적, 문화적 특징을 설명하는 기본적인 용어를 사용한다.	1. 학생들은 중요한 물리적 특징을 찾아 설명하고, 그것이 문화/문명에 어떤 영향을 미쳤는지 분석한다. 2. 학생들은 그들 사회의 주요한 물리적 특징을 찾아 설명하고, 그것이 그 지역사회에 미치는 영향을 분석한다.
학생은 미네소타의 개발과 관련된 지리적 특색을 확인하고 찾는다.	1. 학생들은 미네소타의 강과 호수의 지형, 자연식생, 기후, 시스템을 확인하고, 비교/대조한다. 4. 학생들은 미네소타 주의 산업화를 방해하거나 촉진한 물리적 특징을 파악한다.
학생은 미네소타의 역사에서 중요한 역할을 한 주요 물리적, 문화적 특징을 확인하고 찾는다.	1. 학생들은 주요 미네소타 생태계, 지형적 특성, 대륙 분수령, 하곡, 도시의 위치를 찾는다.

• 활동/평가

탐구 일정

미시시피 강 조사

미니애폴리스 역사 프로젝트

제8장

간학문적 STEM 교육 설계

> K-12학년 교육을 개선할 수 있는 가장 강력한 방법 중 하나는 시스템 전반에 걸쳐 혁신의 문화를 스며들게 하는 것이다.
>
> 대통령 과학기술 자문위원회, 2010

학생 성취도 격차 문제를 해결할 희망으로 몇 년마다 '새로운' 혁신 교육과정, 용어, 교수 모형이 개발되는 것처럼 보인다. 안타깝지만 모든 학생들의 모든 문제를 해결해줄 수 있는 새로운 방법이나 모형은 없다. 매년 학급은 독특한 특징을 지닌다. 하지만 모든 성공적인 수업에 공통적으로 포함되어 있는 특정 요소들인 도입, 수업 목표, 모둠 학습, 개별 학습, 정리가 있다.

개개의 간학문적 STEM 중심 수업을 설계할 때, 각자의 교수 스타일에 가장 잘 맞고 규준의 숙달로 학생들이 규준을 익힐 수 있도록 이끄는 수업 계획안을 사용한다. 예를 들어, 내가 처음으로 어떤 개념을 가르치려고 하거나 형식적으로 보여줘야 하는 경우에는 포괄적인 수업 계획을 작성한다. 하지만 그 수업이 이미 가르친 개념이나 규준을 포함하고 있다면, 10주 단위 교수 계획을 살펴볼 것이다. 세부적인 계획안이 필요하다면, 그 수업과 관련된 개념이나 규준을 탐색함으로써 시작하는 것이 가장 좋다. 그러고 나서 활동에 대한 개요와 함께 그와 관련하여 다루게 될 다양한 교육과정의 규준들을 나열한다. 개요는 교사, 관찰자 그리고 동료들이 교수의 이론적 근거와 순서를 이해하는 데 도움을 준다. 나는 재료와 준비물을 마련하고, 수업을 하는 데 필요한 사이트 링크와 자료집을 준비한다.

훌륭한 수업이 다 그러한 것처럼, 효과적인 STEM 기반 수업은 동기유발로 시작한다. 몇몇 교수설계자들은 이것을 선행 단계 혹은 도입이라고 일컫는다. 어떤 용어를 사용하든 관계없이 동기유발은 학습자를 참여하게 하는 시발점이다. 나는 종종 시, 짧은 비디오 혹은 모순된 상황을 제시하면서 수업을 시작한다. 매 수업의 도입을 정교하게 만들 필요는 없지만 의식적으로 학습에 집중시킬 수 있는 것이 무엇인지 학습자가 가장 잘 참여하도록 하는 것이 무엇인지에 관해 생각한다.

학생들이 관심을 갖게 되면, 수업 목표는 아동에게 친근한 용어로 제시된다. 내가 속한 교육구에서는 이것을 학습 목표라고 부른다. 그 목표는 교사와 학생에게 앞으로 다룰 내용에 대한 실마리를 잡도록 도와준다. 3학년 생명 과학 수업의 학습 목표는 "나는 벌집 나방의 수명 주기를 그림과 말로 설명할 수 있다."가 될 수 있다. 4학년 수학 수업의 학습 목표는 "나는 최소한 네 가지 서로 다른 다각형을 이용하여 대칭인 디자인을 설계하고 그 특징을 설명할 수 있다."가 될 수 있다. 수업 목표는 측정 가능해야 하고 학년 수준에 맞는 규준에 기초를 두어야 한다.

수업 설계의 다음 단계는 안내된 연습과 개별 연습이다. 전형적인 초등학교 교실에서 대부분의 수업 시간은 연습에 할애한다. 교사와 학생은 그 수업에서 습득해야 할 기술, 전략, 개념, 규준을 먼저 모델화한다. 나는 이 단계에서 모든 학습자들이 참여할 다중 감각 경험을 설계하려고 노력한다. 학생들은 그 다음 그러한 기술을 학급 차원에서 연습하고 개별적으로도 연습하게 된다. 형성 평가를 끊임없이 수행하는 가운데 교사들은 학생들이 이해했는지를 재빨리 체크해야 한다. 이러한 평가는 오개념이 확장되는 것을 막고 학습 목표를 달성하게 해준다. 그러나 내가 가장 높이 평가하는 점은 그것이 "학습 의욕이 있는 순간, 즉 가르치기 가장 적절한 순간"을 알려준다는 사실이다. 학생들은 충분한 연습을 통해 알게 된 것을 공유할 기회가 제공될 때 가장 잘 연결하고 관찰하게 된다.

마지막 단계에서 학생들은 수업을 마치기 위해 배운 내용을 상기하게 된다. 많은 전문가들은 학생들의 성취도와 관련하여 가장 중요한 요소가 수업을 마치는 시점이라고 말한다. 유감스럽게도 교사들은 이를 조화롭게 조정하는 것을 어려워한다. 가르치고 평가하는 데 너무 바쁜 나머지 시간을 다 써버리는 것이다. 하지만 효과적인 수업 마무리는 짧은 시간 동안 이루어질 수도 있다. '손가락으로 표시하기(fist of 5)'[1] 혹은 학생들의 이해 정도를 판단할 마무리 쪽지(exit slip)[2]처럼 쉬운 방법이 있다. 또 마무리 정리는 학문적 용어를 정확하게 사용하는 것을 연습할 기회를 제공한다. 대부분의 경우 산출물 기반의 총괄 평가는 단원이 끝날 때 학생들의 성취도를 평가하는 데 사용된다. 학생들이 도전하게 하고 창의적인 아이디어를 독려하는 높은 수준의 문제가 마무리 단계에서 사용되기도 한다. 나는 항상 미리 몇 개의 확장 질문이나 활동을 계획하지만, 학습이 이루어지는 동안 발생하는 사태에 의해 변화를 주기도 한다. 따라서 마무리하는 질문이 항상 정확히 같을 수는 없다. 초등학교에서 STEM 중심의 교수는 다양성을 인정한다.

어떤 수업은 STEM을 중심으로 할 수 있다. 규준으로 시작하고, 개념을 설명해줄 자료를 찾으며, 학생들이 의미 있는 경험에 참여하게 하고, 간학문적 연결을 통해 학생의 이해를 고양하며, 학생들이 개념을 깊이 탐구할 시간을 준다. 간학문적 STEM 수업은 학생들에게 상호의존적인 글로벌 사회에서 성공하는 데 필요한 경험과 기술을 제공한다(NRC, 2011). 연구는 이러한 기본적인 틀을 따르는 수업이 학습자가 참여하게 하고 동기를 부여하며 영감을 더 많이 준다

---

1) 손가락으로 의사를 표현하는 방식이다.

2) 교사가 수업 마무리 단계에서 제시한 질문에 대해 학생들이 글로 써낸 답변으로, 빠르고 비형식적인 평가를 통해 주제에 대한 학생들의 이해 여부를 판단할 수 있는 것이다.

는 것을 보여준다.

내가 선호하는 10주 프로그램 중 하나는 비눗방울 이론(거품에 대한 학습)이다. 4학년 과학의 규준에 해당하는 물질의 물리적 특성과 열에너지의 이동을 가르치기 위해 이 단원을 설계하였다. 이 단원을 계획하면서, 나는 거품과 물에 대한 정보를 얻기 위해 다양한 탐색을 하였다. 그러는 동안 머서 메이어(Mercer Mayer)의 책 《Bubble, Bubble》을 알게 되었다. 언뜻 보기에는 4학년 학생들이 읽기에 너무 쉬워 보였지만, 읽으면 읽을수록 완벽한 책이라는 것을 알 수 있었다. 이 책은 예상, 기록, 탐구 중심의 과학과 읽기와 쓰기 교육에 이상적이다. 나는 결국 이 멋진 이야기를 기반으로 며칠에 걸친 통합 수업을 만들었다. 이 책은 거품 모양을 탐구하는 것으로 시작한다. 이 수업은 10주 단위의 단원에서 학생들이 물과 세제의 다양한 특성을 확실히 이해할 수 있는 시점에 의도적으로 배치되었다. STEM이 핵심 교육과정을 얼마나 효과적으로 통합할 수 있는지 보여주기 위해, 책뿐만 아니라 '방울 방울(Bubble, Bubble)'이라는 수업을 만들었다.

방울, 방울

학년 수준: 4학년 (각색하면 유치원~5학년)

개요: 《Bubble, Bubble》에서 소년은 요술 비눗방울을 파는 사람을 만나 병 하나를 산다. 액체 속에 입김을 불어 넣으면, 비눗방울이 다른 형태로 변한다.
이 책은 문학, 과학, 그리고 미술이 통합된 수업을 시작하게 해준다.

규준

- 과학: 4.2.1.1.1 4.2.1.2.1
- 언어: RL.4.1; RL.4.3; SL.4.1; SL.4.2; SL.4.3; W.4.1; W.4.2; L.2.1; L.4.2; L.4.6

실험 재료

- 《Bubble, Bubble》
- 비눗방울 액
- 파이프 클리너, 학생용 줄, 실
- 다른 모양의 거품 막대
- 비눗방울 슬라이드 쇼(선택)

교사 준비

- 비눗방울 액을 준비한다. (주방용 세제로 최고의 비눗방울 용액을 만들 수 있다.)

읽기와 쓰기 개시

학생들에게 책 표지의 그림과 제목을 보고 이야기를 추측하도록 한다. 학생들의 논의 속에서 나온 몇 가지 주요 결과에 대해 토의한다.
책을 읽으면서 어휘나 삽화에 관해 논의해야 할 핵심 부분에서 멈춘다.
학생들로 하여금 근거를 가지고 자신의 의견을 뒷받침하게 하면서 책을 요약하게 한다.

과학 개시

학생들에게 "우리도 책 속 소년이 한 것과 같이 비눗방울을 만들 수 있을까요? 왜 그렇게 생각하나요? 또는 왜 그렇지 않다고 생각하나요?"라고 묻는다.

비눗방울의 모양에 관해 다음과 같은 주제로 토의하게 한다.
비눗방울은 항상 구 모양인가? 만약 정사각형 모양의 비눗방울 막대를 사용했다면 어떻게 될까? 만약 삼각형 모양의 비눗방울 막대를 사용했다면 어떻게 될까?

실험 절차

다음 질문이 탐구를 안내해줄 수 있다.

질문: 구 이외의 다른 모양의 비눗방울이 나올 수 있을까?

가설: 다음과 같은 모양의 자료 차트가 있으면 더 잘할 것이다.

자료

막대 모양						
거품 모양						

공학

학생들로 하여금 다양한 거품막대를 만들고 시험하면서 비눗방울이 항상 구형인지 결론을 내리도록 한다.

결론: 학생들은 답을 뒷받침해줄 관찰로부터 얻은 근거와 이전 경험을 사용하여 처음 질문에 답한다.

다른 가능한 질문들

- 왜 거품은 항상 구 모양일까?
- 거품이 오래 지속될 수 있도록 하는 방법이 있을까?
- 이 실험에서 입증된 표면 장력과 밀도는 어떻게 설명할 수 있을까?
- 그 밖에 알게 된 것을 설명해 보자.

평가

- 학생들은 글 속에 나타난 단서를 기반으로 하여 예측하고 추론할 수 있는가?
- 학생들은 작가의 의도를 설명할 수 있는가?
- 학생들은 연결할 수 있는가?
- 학생들은 표면장력과 농도가 비눗방울의 형성에 어떤 영향

을 주는지 설명할 수 있는가?

- 학생들은 의견을 뒷받침하기 위해 근거를 사용하는가?
- 학생들은 올바른 철자, 문법, 구두법을 사용하여 쓰기를 할 수 있는가?
- 학생들은 규준의 숙달을 보여 주는가?

적용

- 학생들은 PPT 발표 자료를 만들 수 있다.
- 학생들은 비눗방울 막대 판매에 비눗방울 모양이 미치는 영향을 토의한다.
- 비눗방울 막대를 미리 구성하게 한다.
- 학생들에게 비눗방울 막대에 관한 광고를 만들어보게 한다.

형교(Beam Bridges)

학년 수준: 4학년(각색하면 8학년까지)

개요: 며칠에 걸친 이 수업은 학생들에게 형교 건설과 관련된 개념과 필리프 다리의 설계자인 체노웨스의 실화를 가르친다.

규준

- 과학: 4.1.2.2.1; 4.1.2.2.2
- 언어: RL4.1; RL4.1; RL4.3, W.4.2; W.4.7

실험 재료

1일차

- 《The Great Bridge-Building Contest》 (Zaunders)
- 미국 지도/세계 지도

2일차

- 《The Great Bridge-Building Contest》
- 필리프 다리 사진
- 설압자(혀를 누르는 기구) 또는 아이스캔디 막대
- 뜨거운 글루건
- 다리 차트

3~5일차

- 《The Great Bridge Building Contest》
- 미국의 지붕이 있는 다리 그림과 글
- 설압자 또는 아이스캔디 막대
- 글루건
- 다리 차트
- 균등한 무게 척도-교과서, 모래 등

교사 준비

1~2일차

- 책을 찾는다: 아이들에게 STEM이 좀 더 실질적인 것이 되게 한다.
- 필리프 다리 이미지를 다운로드한다.
- 이해 여부를 묻는 질문을 개발한다.
- 트러스 구조 모형을 준비한다.

3~5일차

- 줌브로타 다리의 이미지를 다운로드한다.
- 이해 여부를 묻는 질문을 개발한다.
- 본문 하이퍼링크와 미리보기 사이트를 테스트한다.
- 무게 추를 준비한다.
- 결론을 이끌어내는 질문을 개발한다.

절차

1~2일차

읽기와 쓰기: 《The Great Bridge Building Contest》 읽기

추론, 반응 그리고 관련성에 대하여 토론할 중요한 시점에서 멈춘다. 토론을 끝낸 후에, 학생들에게 필리프 다리의 현재 사진과 예전 사진을 보여준다.

학생들은 의견과 결론을 다리 차트에 기록한다.

과학: 트러스 구조가 성공한 예와 실패한 예를 보여준다. 학생들로 하여금 많은 무게를 견디는 디자인의 특징을 추론하게 한다.

학생들은 청사진을 가지고 트러스형 다리를 설계하기 위해서 협력하여 작업한다.

3~5일차

간학문적: 미국에 남아 있는 18개의 지붕 있는 다리 목록이 있는 《The Great Bridge Building Contest》의 마지막 몇 쪽을 읽는다. 그 다리들 중 하나를 조사한다.

다음 웹사이트를 참고한다.

http://www.johnweeks.com/miscbridges/pages/zumbrota.html

이 사이트에는 훌륭한 그림, 글과 자료들이 있다.

그 다리의 중요한 특징과 역사에 대해 토의하여라. 그 이미지들을 보고, 필리프 다리와 비교하여라. 학생들은 다리 차트에 새로운 다리를 기록한다.

《Bridges! Amazing Structures to Design, Build & Test》 (Carol A. Johmann)

청사진과 1일과 2일에 관찰한 내용을 다시 살펴보아라. 뜨거

운 글루건을 이용하여 모형을 만든다. 학생들은 다리 건축물을 만들기 시작하고 매일매일 작업한 것을 자료로 기록한다. 완성되면 학생들로 하여금 강도와 심미성을 평가하게 한다. 학생들은 결과를 구두로 그리고 글로 요약한다.

- 학생들은 연결할 수 있는가?
- 학생들은 탐구 과정을 잘 따라갈 수 있는가?
- 학생들이 규준의 숙달을 보여주는가?
- 학생들은 근거를 가지고 결론과 자신의 의견을 뒷받침하는가?

평가

- 학생들은 트러스트 구조의 핵심적인 특징과 설계에서 그 구조의 중요성을 설명할 수 있는가?

적용

- 다리를 설계하기 위해 CD 프로그램을 이용하여라.
- 체노웨스의 삶에 관한 연극 대본을 써보아라.

학년수준:

개요:

규준

과학:

언어:

수학:

사회:

미술:

준비물

교사 준비

자료집(출처)

절차

평가

적용 및 확장

제9장

기회와 도전

> 교사들은 K-12 교육시스템에서 단연 가장 중요한 요소이다. 그리고 STEM으로 학생들을 준비시키고 영감을 불어넣는 전략에 있어 결정적인 역할을 한다.
>
> 대통령 과학기술 자문위원회, 2010

간학문적인 과학, 기술, 공학, 수학 교육의 이점들은 문서로 잘 정리되어 있다. STEM 프로그램을 개발하는 데 있어서 가장 흥미로운 점은 그것이 여전히 발전 단계에 있다는 사실이다. 국가적으로 우리는 학생들을 STEM의 장으로 끌어들일 규범과 최상의 교수학적 실행을 세울 기회를 가지고 있다. 오바마 행정부는 STEM 교육을 최우선 순위 중 하나로 인식해야 한다. STEM 실시 학교에 자금을 투자하고 STEM 수석교사 단체를 만드는 것은 단지 지원의 몇 가지 예에 지나지 않는다. STEM 보조금이 개인 단체에서 후원하는 것으로 유지된다는 점은 큰 문제이다. 간학문적 STEM 프로그램 개발에 사용할 기금으로 사용할 만한 재원은 풍부하다.

STEM 교육의 또 다른 이점은 다양한 형태로 협력할 기회를 제공한다는 것이다. 기술이 풍부한 사회적 환경 덕분에 교사들은 자신의 소파에 앉아 편안하게 워크숍에 참여할 수 있다. 다른 나라의 교육자들과 화상통화를 할 수 있고, 학생들이 세계적으로 유명한 전문가들과 함께 가상 현장학습을 하게 할 수 있다. 최근 '공통핵심학습규준'과 '차세대과학규준'의 개발은 우리가 함께 일할 때 무엇이 가능한지를 보여주는 완벽한 예가 될 수 있다. 초등 교육자들은 세계적 수준의 STEM 프로그램의 개발, 실행, 유지를 안내할 수 있을 것이다.

아동낙오방지법은 모든 다른 교과를 제외할 만큼 읽기와 수학 교육에 온통 집중하게 하는 법안이었다. 그 결과 그들의 책임이 아님에도 불구하고, 많은 교사들과 대학 졸업자들은 과학을 가르치는 것을 불편해하고 있다. 그 주된 이유는 그들이 수강한 내용의 상당 부분이 기초 소양교육에 초점이 맞춰졌기 때문이다.

비록 기초 소양교육이 중요할지라도, 그것 하나로는 학생들에게 장기적인 성공을 보장하지 못한다. 최근 모든 교육 이해관계자들로부터 STEM에 관한 지지를 얻어냄으로써 과학, 기술, 공학, 수학 교육과정을 재구성하게 되었고 예비 교사들이 질 높은 교육을 할 수 있도록 준비시키는 현장 경험을 구성하게 될 것이다. 교육 출판사들도 21세기 학습자들의 요구를 만족시키기 위한 교육과정 자료를 재구성하려는 경향을 보이고 있다. 사실상 교사가 전문성의 영역에 들어가게 되는 흥미로운 시간이다.

STEM 교육의 포괄적 특성 때문에 모든 학생들이 매력을 가질 수 있고 그들을 고무시키기도 한다. 베테랑 초등교사로서, 나는 간학문적 STEM 중심 수업의 가치를 믿는다. 또 그것이 모든 학습자, 특히 STEM 분야에서 과소평가된 여학생들과 소수 집단의 학생들을 참여시킨다는 것을 안다. 이러한 이유 때문에 나는 학교 전체가 간학문적 STEM에 접근을 할 수 있기를 바란다. 다만 교사들은 반드시 학생들과 학교 직원들의 요구에 맞는 실행 틀을 선택해야 한다. 다음은 초등학교 수준에서 쓰이는 가장 일반적인 STEM 프로그램 모델에 대한 짧은 설명이다.

교실 외 수업 모델

STEM 교육에 새로운 영역이 교실 외 수업(pull out) 또는 교실 내 수업 프로그램을 결정하게 될 것이다. 이 모델에서는 STEM 수업을 받기 위해 학생들이 다른 프로그램에서 나와야 한다. 교실 외 수업 구조는 최소한의 강제 모델 중 하나라고 일컬어진다. STEM 전문가들이 학교 전체에 과학, 기술, 공학, 수학 수업을 제공하기 때문에 기존 프로그램들이 지장을 받지 않는다. 교실 외 수업 모델은 대부분 자격 있는 STEM 교육자들이 실험실에서 진행한다. 대부분 프로젝트 기반 학습을 통한 과학, 기술, 공학과 관련된 경험을 제공하는 데에 초점이 맞추어지며, 수학 수업은 보통 중핵 프로그래밍이 이루어지는 동안 다루게 된다. 초등학교에서 음악, 미술, 체육, 미디어와 번갈아 가면서 이루어지는 특별한 수업으로 보일지도 모른다. 교실 외 수업 모델을 선택했을 때의 장점은 착수비용이 적다는 것과 전문적인 개발 경험이 적어도 된다는 것이다. 이 모델의 주요한 단점은 주제를 깊이 공부하기에는 기회가 제한적이라는 점과 STEM이 독립적이라는 것이다. 이러한 단점에도 불구하고 STEM 프로그램을 제공하길 원하지만 예산이 적은 학교들은 교실 외 수업 모델을 선택할 것이다.

교실 내 수업 모델

교실 내 수업(push-in) STEM 모델은 여러 가지 방식에서 교실 외 수업 모델과 비슷하다. 주요한 차이점은 STEM 전문가들이 한 차시 또는 한 단원을 정규교사와 함께 협력수업을 하기 위해 교실에 들어간다는 것이다. 팀 티칭 활동은 다른 학년과 교대로 할 때 가장 쉽게 진행할 수 있다. 이 구조에는 장점과 약점이 있다. 장점은 기존 스케줄에 최소한의 변화를 주고 최소한의 착수비용이 든다는 것이다. 다른 장점은 담임교사가 STEM 전문가가 될 필요가 없다는 것이다. 그러나 효과적으로 운영되기 위해서는 협력수업과 협력방식에 관한 인력 개발이 필요하다. 이 모델은 팀 구성과 수업 계획에 필요한 시간 때문에 시행하기 가장 어려운 것 중 하나이다. 이 모델의 다른 문제점은 학습 방식과는 반대로 STEM이 '특별' 활동으로 보인다는 것이다. 과학, 기술, 공학, 수학을 실세계에 적용할 기회와 습관형성 방식이 교실 내 수업 모델에서는 제한적이다.

특별 교육과정 모델

특별 교육과정(extracurricular) 모델에서는 STEM 수업이 학교 일과가 끝난 후 이루어진다. 이 프로그램은 학교와 연계가 될 수도 있고 안 될 수도 있으며, 보통 지역사회 단체에 의해 편성된다. 로봇 리그, 로켓 클럽, 수학 퀴즈 볼, 과학 클럽은 정규교과 외 STEM 프로그램의 예들이다. 이러한 수업들은 보통 상호작용적이고, 잘 연구되어 있으며, 규준에 근거하고, 대부분의 지역사회에서 형성될 수 있다. 이 모델과 관련하여 우려되는 점은 깊이 있는 탐구를 할 기회가 적고 STEM 교수가 분리되어 있다는 것이다. 하지만 특별 교육과정 모델에 대한 주요 비판은 진입 방식에 있다. 질 좋은 STEM 프로그램이 너무 비싸고, 대표성이 부족한 학생들은 장학금이 없다면 회비 때문에 탈락하게 될지도 모른다.

전 학교 차원의 모델

전 학교 차원(school-wide)의 STEM 모델은 아마 가장 대규모이자 시간이 많이 걸리고 그만한 가치가 있는 STEM 프로그래밍 유형이다. 그 이름이 말해주듯이 전 학교가 과학, 기술, 공학, 수학에 초점을 맞추고 열정을 쏟게 된다. STEM이 모든 교육과정에서 기준이 되고 모든 학습 경험의 핵심에 놓이게 된다. 이 모델은 모든 학생들의 성취도를 높여주는 것에서부터 STEM 이력의 추구까지 그 가치는 상당하다. 성공적인 전 학교 차원의 STEM 프로그램 운영자들은 열정적이고 에너지가 넘친다. 그들은 온전히 STEM의 힘을 학생들과 공유하는 데 전념한다. 이 때문에 전문적인 STEM 개발과 지원이 그 모델의 필수 구성요소이다. 하지만 실제로 전 학교 차원의 STEM 구조를 설립하는 것은 어려울 수 있다. 자료, 학교 자원, STEM 교육과정, 전문가의 부족 때문에 초기 비용이 큰 장애물로 작용한다. 또 전 학교 차원의 프로그램에서 교사들이 정밀한 STEM 교육 계획을 세우기 위해서는 추가적인 준비 시간이 필요하다. 효과적인 전 학교 차원의 STEM 프로그램에 효과적인 전 학교 차원의 STEM 프로그램에 결정적인 전문성 신장과 협력의 중요성이 이 모델의 약점으로 보일지도 모른다.

학년별 모델

학년별(grade specific) STEM 프로그램 모델은 전 학교 차원의 모델과 유사하다. 과학, 기술, 공학, 수학이 모든 교육의 기저에 깔려 있다. 주요한 차이점은 STEM 프로그램이 특별한 학년 또는 학년 군에서만 실행된다는 것이다. 전 학교 차원의 모델을 적용하려고 계획하고 있는 학교는 보통 학년별 프로그램에서 시작한다. 이것은 운영진에게 작은 규모에서 문제를 해결할 기회를 제공해준다. 학년별 모델의 장점은 전 학교 차원의 모델과 같이 학생들의 높은 성취도와 참여율에 있다. 학년별 프로그램의 단점은 학교 안에서 근로의욕이나 예산과 관련하여 파생되는 문제를 야기하면서 '학교 내의 또 다른 학교'라는 결과를 초래할 수 있다는 점이다. 하지만 자원이 부족한 학교는 학년별 모델을 선택할 수도 있다.

모든 노력이 그러하듯이, STEM 교육은 도전에 직면해 있다.

K-12 STEM을 실행하는 데 있어 주요한 장애물 중 하나는 학생들이 과학, 기술, 공학, 수학을 어떻게 학습하는지와 관련하여 가장 최선의 실행이 무엇인지에 관한 지식이다. STEM은 완전하게 개발되거나 이해되지 않은, 상대적으로 학습에 대한 새로운 접근이다. 이것은 서로 다른 수준에서 STEM이 무엇이라고 생각하는가와 관련하여 교육자들 사이에 혼동을 일으킨다. 교사들은 또한 STEM 교육은 가능하기는 한 것인지 의문을 가질 수 있다. 공통 규준을 사용하고 협력적인 STEM 네트워크를 형성하는 것은 이러한 우려를 해소하는 데 도움을 줄 수 있을 것이다. 정밀한 STEM 프로그램을 1년 동안 가르치도록 교사를 준비시키고 지원하는 질 높은 전문성 개발이 도움이 될 것이다.

교육자들은 종종 질 높은 STEM 프로그램의 고비용 문제가 실행에 주요한 장애가 된다고 말한다. 이는 학교들이 STEM 중심 교수를 하지 않기로 결정하는 이유가 되어서는 안 된다. 왜냐하면 STEM은 정적인 교육과정이라기보다는 학습에 대한 간학문적 접근이므로 기존 자료를 이용하여 실행될 수도 있어서이다. 또 자금 지원을 원하는 학교가 활용할 수 있는 다양한 선택사항도 있다. 많은 학교들은 자금 지원을 얻을 수 있는 필요에 관해 우선순위를 부여할 적절한 기술적 계획도 가지고 있다. 다른 학교들은 기술 장비나 고비용 항목 구입을 지원할 지역 기관이나 국가 기관과의 파트너십을 발전시킨다. 이러한 기관들은 강연자나 멘토, 인턴십, 장학금, 현장학습 기회를 제공함으로써 도움을 줄 수 있다. 성공적인 STEM 프로그램은 모든 면에서 협력적이다.

어떤 교사들은 STEM 프로그램을 시작하고 유지하는 데 필요한 시간을 걱정할 수 있다. 처음 계획을 세울 때에는 많은 헌신이 뒤따르지만, 어떤 학교라도 처음 몇 년은 힘들기 마련이다. STEM 프로그램을 계획하고, 시작하고 유지한 경험을 한 교사들은 후회하지 않는다. 그들은 간학문적 STEM 교수가 학생의 학습을 극대화하고 교사의 효용성을 증대시킨다는 점을 이해한다. 또 일단 STEM 단원이 자리를 잡게 되면 정해진 스케줄에 따라 다음 해에는 더 쉬워진다. 간학문적 STEM 교육은 노력할 만한 가치가 있다.

요약

왜 STEM이 초등학교부터 시작되어야 하는가?

> 영감은 학생들의 특정한 흥미와 능력에 대한 개별적이고 의미 있는 경험들을 수반한다.
>
> 대통령 과학기술 자문위원회, 2010

우리 가족은 부모님을 뵙고, 또 케네디 우주센터(Kennedy Space Center)가 있는 케이프 커내버럴(Cape Canaveral)을 방문할 목적으로 최근 플로리다를 여행했다. 가족과 함께 케이프 커내버럴을 여행하는 동안 나는 종종 전율을 느꼈다. 달나라에 가고, 달에서 살고, 거기서 살다 집으로 돌아오는 방법을 생각해낸 미국인들에 대해 생각하는 것을 멈추었을 때 그것은 기적과도 같았다. 국제 우주 정거장을 설계하고 만들고 여행하다니! 불행히도, 이러한 성과를 책임졌던 미국 지도자들과 혁신가들은 더 이상 존재하지 않는다.

미국은 학생들을 STEM으로 끌어들여 학습하도록 준비시키고 고무시키는 데에 있어 다른 나라들에 비해 뒤떨어진다(OECD, 2010). 모든 다른 교과를 배제한 채 읽기와 수학에만 초점을 맞춘 아동낙오방지법은 이러한 손실을 초래했다. 이것이 우리 아이들에게, 그리고 미국 경제의 미래에 의미하는 것은 STEM 현장이나 혁신과 관련된 지도자가 다시 배출되는 것이 얼마나 중요한가이다. 이러한 목적을 달성하도록 돕기 위해 우리는 학생들이 교육을 받는 이른 시기부터 STEM 경험을 제공해야 한다. 많은 연구 결과를 보면 STEM 분야에 대한 경험은 경제적 보상(26% 높은 임금), 직업 안정성, 기술적 진보 등으로 인해 삶의 질을 더 높여준다(Fudge, 2013).

STEM 교육은 어릴 때부터 학생들의 관심을 끌기 위해 초등학교 수준에서 시작할 필요가 있다. 연구에 따르면, STEM 교과에 대한 과학자들의 계획은 중학교 이전에 시작되었다(Maltese & Tai, 2010). 만약 학생들이 초등학교 수준에서 STEM을 경험할 기회를 가지지 못한다면 중학교와 그 이후에 STEM 교과에 관해 비판적으로 생각할 수 없을 것 같다.

다행히도 각 나라의 지도자들은 모든 학생들을 위한 양질의 STEM 프로그램 제공의 중요성과 시급성을 인지하고 있다. 연방 정부는 최소 200개의 STEM 중점 고등학교와 800개의 STEM 중점 초등학교, 중학교를 개교할 것을 권장했다(PCAST, 2010). 게다가 오바마 대통령은 STEM 수석교사제(Master STEM Teachers Cops.)를 마련하겠다고 발표했다. 이것은 미국 그리고 우리 학생들의 미래를 위해 좋은 소식이다.

참고문헌

V. Maltese and Tai, R.H. (2010). Eyeballs in the Fridge: Sources of Early Interest in Science. International Journal of Science Education 32:669–685.

Byrd-Carmichael, S. B., Martino, G., Porter-Magee, K., & Wilson, W. S. (2010). The state of state standards - and the common core - in 2010. Washington D.C.: Fordham Institute.

Boyd, Donald, Grossman, Pamela, Lankford, Hamilton, Loeb, Susanna and Wyckoff, James H., Teacher Preparation and Student Achievement (September 2008). NBER Working Paper Series, Vol. w14314, pp. -, 2008.

Porter, W., Riley, R., Towne, L., Hightower, A., Lloyd, S. C., Sellers, K. L., and Swanson, C. B. (2012). Preparing for change: A national perspective on common core state standards implementation planning. Seattle: Education First.

McLaughlin, C. (2009). Stem: It's elementary too!. Technology and Children, 14(1), Retrieved from http://www.iteaconnect.org

P.L 107-110, 115 Stat. 1425, enacted Jan. 8, 2002.

National Science Resources Center National Academy of Sciences (1997). Science for all children: A guide to improving elementary science education in your school district. Washington D.C.: National Academies Press.

"Frequently Asked Questions." Common Core State Standards Initiative. www.corestandards.org/ .

Bayer Corporation. "2012 Analysis and Insights from the Bayer Facts of Science Education Surveys." STEM Education, Science Literacy and the Innovation Workforce in America. (2012): 32.

Fairfield, Hannah. "Girls Lead in Science Exam, but Not in the United States." The New York Times, February 4, 2012.

Christenson, Jerome. "Ramaley cointed STEM term now used nationwide." Winona Daily News, November 13, 2011, Hot Topics section, WinonaDailyNews.com (accessed May 17, 2013).

National Science Foundation, National Center for Science and Engineering Statistics. 2013. Women, Minorities, and Persons with Disabilities in Science and Engineering: 2013. Special Report NSF 13-304. Arlington, VA. Available at http://www.nsf.gov/statistics/wmpd/.

Satell, Greg. "What is Innovation?" Innovation Excellence, April 14, 2013.

Jacobs, H. (1989). Interdisciplinary curriculum: Design and implementation. Alexandria, Virginia: Edwards Brothers, Inc.

Center on Education Policy. (2008). Instructional time in elementary schools: A closer look at changes for specific subjects. Washington, DC: Author.

McMurrer, J. (2008). Instructional time in elementary schools a closer look at changes for specific subjects. Center on Education Policy, 1-8.

찾아보기

최 창 우 (崔昌佑)

경남 창녕 출생
경북대학교 대학원 수학과 졸업
뉴질랜드 오클랜드 교육대학 연구교수
제7차 초등학교 수학과 교과용도서 심의위원
2009 개정 초등수학 교과서 집필위원
현 대구교육대학교 수학교육과 교수
《수학교육과 교구》를 비롯한 다수의 저·역서가 있고,
〈뉴질랜드의 교사교육 프로그램과 수학교사교육〉 외 다수의 논문이 있다.

고 정 화 (高呈和)

전남 진도 출생
서울대학교 대학원 수학교육과 졸업
한국교육과정평가원 연구원
현 춘천교육대학교 수학교육과 교수
《수학학습부진 학생을 위한 도구모음》 등을 비롯한 역서가 있고,
〈학령 초의 활동주의적 수 개념 구성에 관한 연구〉 외 다수의 논문이 있다.

김 상 룡 (金相龍)

경북 김천 출생
경북대학교 대학원 통계학과 졸업
미국 위스콘신-오클레어 교환교수
제7차 초등수학 교과서 집필위원
2009 개정 초등학교 수학과 교과용도서 심의위원
현 대구교육대학교 수학교육과 교수
《생활과 수학의 만남》을 비롯한 다수의 저·역서가 있고,
〈학습자와 함께 하는 수학게임 및 퍼즐 활용에 관한 연구〉 외 다수의 논문이 있다.

STEM은 초등교육이다

지은이 글로리 올제이스
옮긴이 최창우 · 고정화 · 김상룡
펴낸이 조경희
펴낸곳 경문사
펴낸날 2016년 1월 20일 1판 1쇄
등 록 1979년 11월 9일 제313-1979-23호
주 소 121-818, 서울특별시 마포구 와우산로 174
전 화 (02)332-2004 팩스 (02)336-5193
이메일 kyungmoon@kyungmoon.com

값 12,000원

ISBN 978-89-6105-978-7

★ 경문사 홈페이지에 오시면 즐거운 일이 생깁니다.
http://www.kyungmoon.com

한국과학기술출판협회 회원사